Von Hoffnung und Freude
Das Ramayana

Von Hoffnung und Freude
Das Ramayana

Neu erzählt von Otto Abt

Mit einem Nachwort
von Rüdiger Siebert

HORLEMANN

Deutsche Originalausgabe

Titelbildgestaltung unter
Verwendung eines Fotos von Otto Abt.
Fotos im Buch von Tieneke Abt

Bitte fordern Sie unser aktuelles Gesamtverzeichnis an:

Horlemann Verlag
Postfach 1307
53583 Bad Honnef
Telefax (0 22 24) 54 29
E-Mail: info@horlemann-verlag.de
www.horleman-verlag.de

Gedruckt in Deutschland

1 2 3 4 5 | 06 05 04 03

Für Tieneke Parartini Abt

Vorbemerkung des Autors

Das Ramayana gehört wie auch das Mahabharata zu den wichtigsten Büchern der Weltliteratur. Geschrieben wurde das Epos wohl von dem indischen Dichter und Seher Valmiki im 4. Jahrhundert n. Chr. Es hat die Lebensweise eines großen Teils der Menschheit bis heute geprägt.

In ganz Asien kennt man seine Geschichten. Das thailändische Königshaus gründet sich auf die Urahnen aus diesem Epos. Ayudhya, die Hauptstadt in der Ramayana-Erzählung, gab ihren Namen für eine frühere Hauptstadt Thailands. Zahlreiche Asiaten und sogar Einrichtungen bis hin zu den Fluglinien (wie Garuda Indonesia) tragen Namen aus dem Ramayana. Der berühmte Kejaktanz in Bali lässt noch heute das damalige Geschehen lebendig werden. Man könnte diese Aufzählung lange fortsetzen.

Als eine asiatische Variante der westlichen Romeo und Julia-Erzählung (mit der sie allerdings nur wenig gemein hat) wird die Erzählung von den meisten Europäern angesehen, als Lobpreis der Liebe und Treue zwischen Rama und Sita.

Das Geschehen zwischen diesem Liebespaar wird zwar wunderbar beschrieben, ist aber nur ein Element, wenn auch ein tragendes, in dem großen Weltdrama, bei dem Gott den Urheber des Bösen besiegt, Himmel und Erde vor seinem verderblichen Zugriff rettet. Hierin offenbart sich die Botschaft der Hoffnung und Freude für alle Menschen dieser Erde.

Der Verfasser des vorliegenden Buches steht Vergleichen mit dem Christentum durchaus aufgeschlossen gegenüber und entdeckt dabei Ähnliches, aber auch Unterschiedliches.

Der zwangsläufig stark gekürzte Text möge dem Leser sowohl Vergnügen bereiten, als auch zu eigenem Nachdenken, zur Überprüfung und Korrektur seiner Lebensweise anregen. Dieses Anliegen sei durch ein Zitat aus den Schlusssätzen des Ramayana ergänzt: „Wer das Ramayana anhört, erhält langes Leben und Siege wie Rama, dem Täter unsterblicher Taten“, wobei unter „anhören“ in sich aufnehmen, sich das Wesentliche zu eigen machen, gemeint ist.

Buch I
IN RAMAS ELTERNHAUS

Garuda

Ein Ereignis von großer Bedeutung

Der Schüler Prinz Dasharatha von Ayudhya lässt mit einem Seufzer der Erleichterung seine Schriften fallen. Der Lehrer hat mit dem Erfolg zufrieden seinen Unterricht abgeschlossen. „Für heute haben wir genug gelesen. Die Stunde ist beendet." Der Prinz verneigt sich zum Gruß und eilt schnellen Schrittes in seine Gemächer. Oft ist er neidisch auf seine Altersgenossen, die meist ein viel leichteres Leben genießen können. „Du wirst einmal König werden und musst dich darauf vorbereiten", hat ihm sein Vater immer wieder gesagt. Manchmal ist es wirklich zum Verzweifeln, so wie heute: Tanzunterricht, Flötenunterricht, drei Stunden in den alten Schriften lesen, Unterweisung im Recht, im Führen der Staatsgeschäfte, in der Kriegsführung, Sternkunde, Philosophie, Etikette.

Eilig wechselt er die Kleidung und stürmt im Laufschritt zu den Pferdeställen. Die Stallburschen führen sein Pferd heraus.

Ein paar fröhliche Worte und schon jagt ein Trupp junger Männer im Galopp zum Burgtor hinaus. Mit erhobenem Arm gibt Dasharatha die Richtung an. Bald endet die Straße, und die Pferde verfallen in eine langsamere Gangart. Dichtes Unterholz nimmt die Männer auf, und dann steht drohend der Regenwald vor ihnen. Die Begleiter steigen ab. „Wartet hier auf mich. Ich will mein Wild alleine jagen!", befiehlt Dasharatha, springt vom Pferd, ergreift Bogen und Pfeile und verschwindet hinter den dichten Zweigen, ehe seine Wächter nur etwas einwenden können. So richten sie sich auf eine längere Rast ein, holen Wasser von der nahen Quelle und lagern im Schatten eines großen Baumes.

Derweil schlüpft der junge Prinz behände wie eine Schlange durch dichtes Gebüsch auf einen Bach zu, aus dem gegen Abend die Tiere zu trinken pflegen. Schon hört er das Murmeln des klaren Wassers. An einer unbewachsenen Stelle lässt er sich nieder, um die Dämmerung abzuwarten. Er lauscht dem Gesang der unzähligen Vögel, die mit ihren Liedern bereits den Abend ankündigen. „Hier im Wald gibt es keinen Menschen, der Befehle erteilt. Hier fühle ich mich frei von allen Vorschriften des Hofes." Plötzlich ein Geräusch von der Wasserstelle. Es hört sich an, als ob jemand einen Krug mit Wasser füllt. „Das muss ein Elefant sein, der sich als erstes Tier auf den Weg gemacht hat, um seinen Durst zu löschen." Den Königssohn packt das Jagdfieber, er spannt seinen Bogen, und mit hellem Sirren zischt der Pfeil davon.

Ein entsetzlicher Schrei ertönt. Der Schrei eines Menschen! Von jähem Schreck erfasst, rast der Schütze durchs Gebüsch, spürt nicht die Zweige, die ihm unbarmherzig ins Gesicht schlagen.

Dann steht er nach Atem ringend am Wasser und erkennt in einem Augenblick, welches Unheil er angerichtet hat. Vor ihm liegt ein junger Mann, mit seinen Händen den Pfeil umklammernd, der noch immer in seiner Brust steckt. „Wer bist du? Warum willst du mich töten?", stößt der tödlich Getroffene verzweifelt hervor. „Nun werden meine gebrechlichen Eltern vor Durst und Hunger hier im Walde sterben müssen. Warum musste das geschehen?"

Dasharatha gibt sich zu erkennen und deckt seinen furchtbaren Irrtum auf. Der Sterbende sieht das ganze Entsetzen des Königssohnes und vergibt ihm. Vorsichtig zieht Dasharatha den vergifteten Pfeil aus der Wunde, zu spät, der Verletzte legt seinen Kopf zur Seite und stirbt.

Von Schmerz versteinert steht der Prinz neben dem Toten. Wie lange? Er weiß es nicht. Dann ergreift er wie betäubt den am Boden liegenden Krug, füllt ihn mit frischem Wasser und macht sich auf den Weg zu den Eltern des Verschiedenen. Ein schmaler Pfad führt durch das Dickicht, ihm folgend gelangt er zu einer kleinen armseligen Hütte unter hohen Bäumen. Hier müssen die beiden wohnen.

Sie haben ihn bereits am Brechen der Zweige gehört. Ahnungslos und voller Ungeduld ruft die Frau: „Warum kommst du erst jetzt so spät zurück mein Junge und lässt deine Eltern dürsten?" Nun tritt der Vater vor die Tür.

Mit mühevollen Worten erklärt der Königssohn das entsetzliche Geschehen, immer wieder unterbrochen von Weinen und Schluchzen. Erst jetzt merkt er, dass die beiden blind sind und wie sehr sie von ihrem Kind abhängen. Was hat er nur durch seinen Leichtsinn angerichtet. Das Unglück wächst vor ihm auf wie ein Gebirge.

Dann nimmt er die Verzweifelten und führt sie zu ihrem verstorbenen Sohn, der noch immer wie schlafend im Gras liegt. Für eine Weile wendet er sich ab und überlässt den toten Körper den beiden Alten zum Abschied nehmen.

Schließlich vernimmt er die leise Stimme des Mannes: „Wir wollen den Leichnam sogleich verbrennen, damit unser Sohn schnell die Gefilde des Himmels betreten kann.“ Dasharatha schleppt abgebrochene Zweige und Äste herbei, schichtet sie aufeinander.

Gemeinsam waschen sie den Leichnam und legen ihn behutsam auf den Scheiterhaufen.

Der Greis wendet sich nun an den unglücklichen Jäger: „Du hast meinen Sohn getötet, ohne es zu wollen. Ich werde dich nicht verfluchen. Deine Trauer sei deine Strafe, und die Gewissheit, dass du einmal genau so im Gram über den Verlust deines eigenen Sohnes sterben wirst, wie ich jetzt.“

Er ergreift das vom Prinzen entflammte Holz, wirft es auf den Holzstoß. Bald prasseln die Flammen. Der Alte ergreift mit zitternden Händen seine Frau, und beide springen in die Flammen hinein zu ihrem Sohn.

Ehe der Prinz sie davon abhalten kann, ist neuer Tod geschehen. Mit Tränen in den Augen schaut Dasharatha zum Feuer, auf den Rauch, der in dunklen Schwaden den Weg zum Himmel nimmt. Das rote Licht der Abendsonne bricht durch die Äste der Bäume, und im brodelnden Rauch erkennt der junge Mann drei Schatten, die aufwärts schweben und sich in der Höhe verlieren.

Starr steht der junge Mann da als Zeuge, als Beteiligter dieses urplötzlich hereinbrechenden Geschehens. Er sammelt die verbliebene Asche und wirft sie in den Fluss. Er findet zurück zu seinen Gefährten, und sie reiten schweigend heim.

Dasharathas Wandlung

Wortlos steigt er zu Hause vom Pferd und übergibt seinem Stallburschen die Zügel. Er eilt zu seinem Gemach und lässt sich niedergeschlagen und verzweifelt auf seinen Sitz fallen. Er starrt wie betäubt vor sich hin in die Leere. Seine beiden Hände haben sich zu Fäusten verkrampft, auf die er seinen Kopf stützt. Er kann das Geschehen nicht begreifen. Er schweigt, er springt auf und lässt sich wieder fallen. Seine Gedanken rasen wie schwarze Gewitterwolken ungezügelt durch seinen Kopf.

Die Tür zu seiner Kammer öffnet sich. Herein tritt der Vater, herbeigerufen von den Jagdbegleitern. Der Sohn bemerkt ihn nicht. Leise tritt der Vater neben ihn und legt behutsam seine Hand auf die Schultern des Sohnes. Der erhebt sich und wirft sich laut schluchzend in die Arme des tief getroffenen Vaters. Dann redet sich der Verzweifelte sein ganzes Entsetzen, seine ganze Angst vom Herzen. Abgründe tun sich den beiden auf.

Der Redefluss des Jungen beginnt zu stocken. Er spürt die starken Arme seines noch immer wortlosen Vaters. Sie sind der einzige Halt. Wie soll es weiter gehen?

Beide lassen sich nieder, und der König beginnt langsam und eindringlich zu sprechen: „Du hast mit deiner zügellosen Jagdgier den Tod über eine ganze Familie gebracht, aber du hast dich der Situation gestellt, hast nicht die Flucht ergriffen, wie es ein Feigling getan hätte. Ich bin sicher, die Götter werden dir beistehen, wenn du sie um Hilfe anflehst."

Beide Männer beten gemeinsam, und der Junge spürt die Kraft, die von seinem Vater ausgeht.

Diese Kraft überträgt sich auf ihn. Die Verzweiflung schwindet langsam, und immer mehr beginnt in seinem Inneren der Wunsch zu wachsen, ein neues, besseres Leben zu beginnen. Lange noch sind die beiden Männer zusammen, bis der Sohn schließlich ermattet einschläft.

Der nächste Morgen bringt dem Königssohn wieder die schrecklichen Bilder des gestrigen Geschehens vor Augen, aber zugleich hört er auch die Worte seines Vaters: „Du warst kein Feigling" und „die Götter werden dir helfen."

Mit Gebeten beginnt der Prinz den Tag und sucht Rat und Hilfe bei den Priestern. Er besinnt sich auf ein Leben, das er nunmehr als eine von den Göttern geschenkte Aufgabe empfindet, und bereitet sich so auf sein künftiges Königtum vor. Sein Wesen verändert sich: Kraft, Güte und milde Weisheit strahlen von ihm aus, gehen auf seine Umgebung über, formen das Verhalten der Menschen untereinander.

Dann kommt der große Tag der Königskrönung, deren Pracht sich jeder selbst ausmalen möge.

Nicht lange darauf findet eine ebenso prächtige Hochzeit statt mit der im ganzen Land bekannten Königstochter Kaushalya. Außerdem wohnen noch zwei Nebenfrauen in eigenen Palästen in der großen Schlossanlage: Kaikeyi und Sumitra.

Bei allen Freuden der Liebe kümmert sich Dasharatha mit unvermindertem Einsatz um das Wohlergehen seiner Landsleute, und seine Stadt Ayudhya gilt in allen umliegenden Ländern als einzigartiges Juwel unter den Städten.

Gestörter Friede

Das Königreich Dasharathas erblüht immer mehr in Frieden und Wohlstand. Selbst an die Schwächsten und Ärmsten seiner Untertanen denkt der König und lässt keinen darben. Jeder hat seine Wohnung, seine Nahrung und führt sein Leben in einem gerechten Staat. So wird der König von allen seinen Landsleute geliebt, und viele Könige anderer Länder nehmen sich ihn zum Vorbild, weil sie erkennen, wie segensreich es ist, nach dem Willen der Götter zu handeln.

In einem benachbarten Land herrscht jedoch ein König ganz anderer Art. Er führt eine Schreckensherrschaft und verachtet seine Untertanen wie elende Sklaven. Darum ist er der am meisten gehasste Mensch in seinem Reich. Er ist durch seine Raubzüge und Betrügereien so mächtig geworden, dass keiner sich gegen ihn erheben kann.

Seine Untertanen und natürlich erst recht er selbst blicken neidisch auf das friedvolle Nachbarreich. „Dieser König mit seinem religiösen Gehabe ist eine Herausforderung für mich. Wir werden sehen, wie weit er damit kommt“, knirscht der dämonische König von wilder Gier besessen.

Er rüstet ein bis an die Zähne bewaffnetes Heer, überschreitet heimlich bei Nacht die Grenzen und überfällt mit Morden und Brennen eine kleine Stadt im Lande Dasharathas. Alles, was er für wertvoll erachtet, packt er auf seine mitgebrachten Pferde, die Mädchen fesselt er und bindet sie zusammen, um sie sich später dienstbar zu machen. Ebenso entführt er die arbeitsfähigen Männer und Frauen, die überlebt haben.

Aber weil sich der Dämon dabei doch noch unsicher fühlt, zieht er sich am nächsten Tag mit seiner Beute in sein Reich zurück und wartet auf das, was kommen wird. Aber es geschieht nichts. Eine ganze Zeit vergeht, bis er wieder zuschlägt – mit dem gleichen Erfolg.

Natürlich hat Dasharatha von diesen Ereignissen Kunde erhalten, und als er voll Schrecken erkennt, dass der Böse seine Untaten fortsetzen will, ruft er seine Soldaten zusammen, arbeitet mit seinen Offizieren einen guten Schlachtplan aus und zieht mit seinem Heer in Richtung Grenze. Mit im Heer reitet seine Nebenfrau Kaikeyi. Heimlich hat sie sich unter die Soldaten gemischt, sie will und kann ihren geliebten Mann in diesen Gefahren nicht alleine lassen. Schon kommen ihm weinende flüchtende Menschen entgegen, die sich mit letzter Kraft retten konnten. Von ihnen erfährt der König den Standort des Feindes. Es dauert nicht lange, bis schmale Rauchwolken am Horizont aufsteigen. Hier muss der Feind lagern.

Der König schickt Späher aus. Sie erkunden das eingedrungene Heer. Als sie zurückkehren, berichten sie schauerliche Dinge: Eine große Anzahl von Truppen hat sich in einem Wald verschanzt und wartet darauf, anzugreifen. Die Soldaten stehen mit wild entschlossenen Gesichtern Wache. Sie sind von enormer Körpergröße, tragen lange zerzauste Haare und stampfen selbstbewusst und angriffswütig mit gewaltigen Speeren den Boden. Aus dem Zentrum des Heeres ertönt die Donnerstimme ihres Anführers, der mit heiserem, Ekel erregendem Gebrüll seine Befehle gibt.

Die Offiziere erkennen, dass der Feind entschlossen ist, diesmal den Angriff zu suchen und das ganze Land nach einem Sieg an sich zu reißen. Die Soldaten zittern vor Schreck über diese Berichte, aber zugleich ergreift sie ein maßloser Zorn; denn sie wissen, dass dieses Ungeheuer im Falle eines Sieges keine Gnade kennen wird. Dasharathas Gefolgsleute sind fest entschlossen, ihr Land, ihre Familien vor diesen Dämonen zu bewahren. Das gibt ihnen die Kraft, sich voll Zuversicht den Feinden entgegenzustellen, um das Land zu retten.

Am nächsten Morgen beginnt die Schlacht. Das Heer von Ayudhya hat die Feinde umzingelt, um sie von jeglichem Nachschub abzuschneiden. Der König zeigt aber nur einen Teil seiner Streitmacht, um die Feinde in Sicherheit zu wiegen und aus dem schützenden Lager heraus zu locken. Es kommt zum Kampf, der mit äußerster Härte geführt wird.

Dasharatha steht mitten unter seinen Soldaten, als er plötzlich den gellenden Schrei einer Frauenstimme neben sich hört: „Duck dich!“ Instinktiv folgt er dem Befehl: Ein Schwarm von Speeren pfeift dicht über ihn hinweg. Er merkt jetzt, dass seine Nebenfrau ihm das Leben gerettet hat. Aber es ist keine Zeit zum Nachdenken. Der Kampf geht bis zum Einbruch der Dunkelheit weiter. Erschöpft fallen die Streiter zu Boden, um im Schlaf neue Kräfte zu sammeln.

Nur die Verwundeten stöhnen. Man sieht, wie eine Frau sich ihnen nähert und sie ganz vorsichtig zum großen Zelt schleppt, ihnen die Wunden verbindet, zu Trinken gibt und ihnen mit aufmunternden Worten beisteht.

Kaikeyi sinkt nach vollbrachtem Werk in der Nähe des Zeltes neben ihrem Mann im Schutz der Wächter zu Boden und schläft. Sie hört nicht das heimliche Rumoren und Flüstern um sich her, vernimmt nicht das Tappen von Füßen und die unterdrückten Schreie der Verwundeten.

Als am nächsten Tag der Morgen graut, entdecken die Soldaten, dass ihre verletzten Kameraden tot außerhalb ihres Lagers liegen, erschlagen und erwürgt. In der Nacht müssen die Feinde unbemerkt in ihr Lager geschlichen sein und die Verwundeten nach draußen geschleppt haben, um die Wehrlosen dort zu töten. Die ganze Grausamkeit des Feindes tritt mit einem Mal zu Tage. Umso erbitterter wird der Kampf gegen die Dämonen fortgesetzt.

Kaikeyi befindet sich wie ein Schutzengel mitten im Schlachtgetümmel. Sie warnt und ermuntert die Soldaten. Wieder ist sie ganz nah bei ihrem Mann, als sie das pfeifende Schwirren der Pfeile hört. Sie schreit auf. Zu spät: Dasharatha liegt getroffen am Boden. Kaikeyi stürzt zu ihrem Mann. Er atmet noch. Sie schreit die Soldaten an: „Wollt ihr nicht euren König retten? Wollt ihr eure Familien diesen Ungeheuern ausliefern ?“

Mit einem großen Schild bedeckt sie den Körper des Verletzten und zieht ihn, selbst immer wieder den Pfeilen ausweichend nach hinten in vorläufige Sicherheit. Hier verbindet sie seine Wunden, während seine Gefährten mit grenzenloser Wut den Feind besiegen.

Unbeschreiblich ist der Jubel, er steigert sich noch, als der verletzte König seine Augen öffnet und sich zu bewegen beginnt. Alle erkennen, dass Kaikeyi ihren Mann vor dem Tod bewahrt hat und feiern sie wie eine Heldin.

Dasharatha ergreift die Hände seiner Nebenfrau und spricht gerührt: „Aus Dankbarkeit möchte ich dir zwei Wünsche erfüllen, was immer es auch sei.“ Kaikeyi lächelt ihn an: „Ich habe nur den einen Wunsch, dass du bald ganz gesund wirst.“ Der Verletzte lächelt zurück: „Du kannst dir die beiden Wünsche für später aufheben.“

Man begräbt nun die Toten, bettet die Verwundeten auf Wagen und kehrt dann in die heimische Hauptstadt zurück. Am Straßenrand stehen die Menschen und begrüßen überschwänglich die siegreichen Kämpfer.

In Ayudhya stehen Kaushalya und Sumitra am Schloßeingang und schließen ihren heimkehrenden Mann überglücklich in die Arme. Dann beginnt ein nicht enden wollendes Fest im ganzen Land. Noch nie hat man so viele glückliche Menschen beisammen gesehen.

Man preist die Götter und bittet sie vertrauensvoll, sich der Toten gnädig anzunehmen und sie für den Einsatz ihres Lebens zu belohnen. Dabei ist man gewiss, dass die Gefallenen bereits die Freuden des Himmels genießen.

Die große Opferfeier

Friedvolle Jahre vergehen, in denen sich Glück und Wohlstand mehren. Der König gilt nicht nur als gütig und weise, aus ihm ist zudem ein Kriegsheld geworden, dem jeder Verehrung und Achtung zollt.

Dasharatha genießt sein Leben, vergisst dabei aber nie, dass all sein Glück von den Göttern abhängt, denen er täglich sein Dankgebet weiht.

Doch unmerklich wie eine Wolke am Himmel zieht für den Herrscher eine Sorge in sein sonst so heiteres Gemüt und bedrückt ihn zunehmend: Er hat keine Kinder. Wer soll einmal seinen Thron übernehmen, wenn er alt geworden ist? Er betet, vergeblich.

Er spricht mit seinen Priestern. Sie raten ihm, das große Ashvamedha-Opfer vorzubereiten. Der König weiß, welcher Aufwand auf ihn zu kommt, aber um einen friedlichen Übergang der Erbfolge zu ermöglichen, ist ihm keine Anstrengung, keine Ausgabe zu groß. Er weiß, wie viel Unglück und Not Erbstreitigkeiten einem Land und seinen Bewohnern bringen können.

So lässt er im ganzen Reich verkünden, dass er dieses Opfer zu feiern gedenkt. In alle Himmelsrichtungen sprengen seine Boten mit der Nachricht und übergeben die Einladungen an eine Unzahl von Würdenträgern. Neue Straßen werden gebaut. Architekten strömen herbei, und unter ihrer Leitung entstehen Hunderte von Häusern für die Gäste. Aus aller Herren Ländern finden sich die Handwerker ein, die der reichliche Lohn lockt. Eine richtige kleine Stadt wächst am Fluss in der Nähe der Hauptstadt empor. Die Einwohner von Ayudhya freuen sich auf gute Geschäfte, denn sie wissen, dass all die vielen Fremden versorgt werden müssen und darüber hinaus noch viel Geld für Andenken und Spezialitäten ausgeben wird. Das ganze Land befindet sich im Aufbruch in eine segensreiche Zukunft.

Den Abschluss der Vorbereitungen bildet der Bau des Opferaltars. Achtzehn riesige Stämme verschiedener Bäume schafft man aus dem Regenwald herbei. Man richtet sie um den Opferplatz herum auf, ummantelt sie mit Gold und spannt zwischen sie große, kostbare Tuchbahnen.

Der Zeitpunkt für das Opfer rückt näher. Nicht enden wollende Züge von Adeligen und Priestern nähern sich der Hauptstadt, und ihre Elefanten und Pferde sind beladen mit wertvollsten Gastgeschenken.

Dann beginnt das Fest, ein Fest, das alle Erwartungen um ein Vielfaches übertrifft. Die höchsten Brahmanenpriester feiern mit der königlichen Familie und ihren Freunden den großen Opfergottesdienst, wie es die Tradition gebietet. Tiere werden geschlachtet, Almosen verteilt, Geldgeschenke den Ärmeren übergeben, und als die Feier zu Ende geht, ist jeder froh und zufrieden.

Der Bericht des höchsten Priesters

Kurze Zeit später lässt sich der Oberpriester, der die Opferfeier so vortrefflich geleitet hat, bei Dasharatha anmelden. Der König ist über den Besuch nicht besonders erstaunt und glaubt, dass sich der hochwürdige Herr wieder nach Hause begeben und sich zuvor von ihm verabschieden will.

Der Priester erscheint, und als er so begrüßt worden ist, wie es seinem Rang und seinen Verdiensten zukommt, äußert er den Wunsch, mit dem König alleine sprechen zu dürfen.

Ist etwas geschehen, gar etwas Schreckliches?

Der Priester macht ein heiteres Gesicht. Was mag es wohl sein?

Der König scheut sich zu fragen. Er braucht es auch gar nicht zu tun, denn der Priester beginnt, gleich nachdem er sich niedergelassen hat, zu sprechen: „Hoher Herr, gestern Abend nach meinem Gebet setzte ich mich noch hin, um zu meditieren. Die Luft war rein und kühl. Die Vögel sangen in den Bäumen. Ein leiser Wind strich sanft durch den offenen Raum. Der Lärm geschäftiger Menschen hatte sich gelegt. In dieser wohltuenden Stille öffnete ich meine Seele in der Meditation.

Nach einer Weile stieg eine helle Landschaft vor mir auf, in der sich Gestalten bewegten. Plötzlich erkannte ich Brahma, den Beherrscher der Menschen. Er war umringt von anderen Göttern, die sich alle über die immer boshafter werdenden Attacken des Dämons Rahwana beschwerten. Dieses Ungeheuer war in früherer Zeit noch weniger verdorben. Es hatte einst sogar vom Gott Shiva als Belohnung für eine gute Tat das Versprechen erhalten, niemals von einem Gott oder Dämon getötet werden zu können. Jetzt ließ es alle Bedenken fallen und gab sich ganz dem Bösen hin.

Darauf hin wurde es zwar aus dem Himmel verbannt, bedrängte und bekämpfte jedoch von außerhalb ungestraft Götter und Menschen."

Zustimmend nickt Dasharatha: „Ich habe mit seinem Gefolgsmann, dem grausamen König aus dem Nachbarreich, schon meine bitteren Erfahrungen gemacht."

Der Priester fährt weiter fort: „Als Brahma von den Göttern über die Ungeheuerlichkeiten Rahwanas unterrichtet wurde, beruhigte er seine Mitgötter und sprach: ‚Dieser Urheber alles Bösen kann nicht von einem Gott getötet werden, wohl aber von einem Menschen. Zur Zeit des Versprechens hatte niemand daran gedacht, schwache Menschen in das Versprechen mit einzubeziehen. Ich werde Vishnu, den höchsten Gott, zur Erde gehen lassen. Er wird sich in vier Kindern verkörpern, in ihnen dort leben und so als Mensch Rahwana töten können. Ich habe die Familie des Dasharatha für die Niederkunft vorgesehen, weil ich keine würdigere und mir ergebenere kenne.‘ Die Götter begrüßten mit lautem Jubel diese Nachricht.

Langsam begann das Geschehen vor meinen Augen zu schwinden. Und jetzt bin ich hier, um dir diese Botschaft zu überbringen.“

Schweigen legt sich über die beiden Männer. Sie nehmen diese Botschaft des Himmels mit Ehrfurcht an und beginnen, deren Bedeutung immer mehr zu erahnen. Schließlich erhebt sich der Priester, die beiden verneigen sich zum Abschiedsgruß, und ihre Wege gehen auseinander.

Ein freudiges Ereignis

Dasharatha besucht seine Frau Kaushalya. Er erzählt ihr, dass der hohe Priester bei ihm war, und auch dessen himmlische Botschaft verschweigt er ihr nicht. Kaushalya ist tief betroffen und nur zögernd vor Ehrfurcht ergreift sie den Segenstrank des Priesters, den ihr Mann ihr reicht. Dieser Trank enthält die göttlichen Kräfte Vishnus, und Kaushalya trinkt die ihr gereichte Schale halb leer. Das fürstliche Paar gibt sich dann der Liebe hin. Dann begibt sich der König zu den Nebenfrauen, für die der übrig gebliebene Rest des Tranks bestimmt ist. Die ganze königliche Familie betet vertrauensvoll um Nachwuchs, und nach kurzer Zeit spüren die Frauen die Zeichen der Schwangerschaft. Des Königs Herz ist voll mit Jubel und Dankbarkeit und sehnt die Zeit der Niederkunft herbei.

Die Luft ist erfüllt mit Vogelgesang und Blütenduft, als Kaushalya einem Sohn das Leben schenkt, einem gesunden und kräftigen Jungen, dem die Eltern den Namen Rama geben. Dann entbindet Kaikeyi. Ihr Sohn heißt Bharata. Sumitra schenkt Zwillingen das Leben: Lakshmana und Shatrughna. Alle vier Knaben strotzen vor Lebenskraft und wachsen schnell heran. Vater und Mütter strahlen vor Glück, das sich mit der Entwicklung der Kinder von Tag zu Tag mehrt. Die Kinder sind immer zusammen, spielen, essen und lernen gemeinsam. Sie sind unzertrennlich und machen im Unterricht große Fortschritte. Sie sind nicht nur vier Geschwister, sondern auch vier Freunde. Alle Menschen im Reich schauen mit großer Freude und Zuversicht auf den Nachwuchs des Königshauses. Der älteste Sohn besticht besonders durch seine Weisheit, aber auch durch seine Geschicklichkeit im Kampf mit Bogen und Pfeil. So ist für jedermann klar, dass dieser fähige älteste Sohn Rama einmal die Nachfolge seines Vaters antreten wird.

Überraschender Besuch

Die Jahre gehen ins Land. Eines Tages fragt sich ein Bote zum König durch und bittet ihn, den höchsten Priester als Besuch zu empfangen. Nur zu gerne willigt Dasharatha ein, weil er sich freut, seinen alten und weisen Freund wiederzusehen. Am nächsten Tag wird der Asket dann auch sogleich mit großem Zeremoniell empfangen, wie es einem Manne seines Ranges zukommt. Nach dem Austausch allgemeiner Grußworte und Höflichkeiten beginnt nun Dasharatha von seinen Söhnen zu erzählen, und der Gast freut sich mit ihm über die großen Fortschritte der Jugendlichen.

Nach einer Pause fängt nun der Priester an, von sich zu berichten: „Leider bringe ich keine guten Nachrichten. Wenn ich in meiner Einsiedelei im Wald bete und meine Opfer darbringen will, werde ich von zwei fürchterlichen Dämonen daran gehindert. Ehe ich die Gebete am Altar sprechen kann, kommen sie mit gewaltigem Tosen herbei, fallen über die Opfergaben her, fressen mit lautem Knirschen die Opfertiere, bespritzen die Altardecken mit Blut, werfen die Feldfrüchte durcheinander und freuen sich hohnlachend, dass sie meine Verbindung zu den Göttern wieder einmal gestört haben. Ich kann ihr schändliches Tun nicht verhindern. Natürlich bin ich mächtiger als sie und könnte sie mit meinen von den Göttern erhaltenen Kräften verjagen, verfluchen oder töten, aber ich habe einen Eid abgelegt, dass von mir nur der Segen des Himmels ausgehen kann, dass mein Mund sich dem Bösen verschließt. So bitte ich euch mächtigen König um Hilfe."

„Gerne will ich Eurem Wunsche entsprechen, ein großes Heer zusammenziehen, mich an seine Spitze stellen und gegen die Unholde kämpfen", gibt Dasharatha ohne Zögern zur Antwort.

Der Gast lächelt und entgegnet ganz ruhig: „Ich will nicht dein Heer, ich will nicht dich. Ich will deinen Sohn Rama." Ein Schrei hallt durch die weite Empfangshalle, der Schrei des Königs. Ohnmächtig fällt er von seinem Thronsessel zu Boden. Die Bediensteten stürzen herbei, holen nasse Tücher und kühlen die Stirn des Königs.

Langsam kommt dieser wieder zu sich, murmelt verzweifelt aber doch so laut, dass es jeder im Saale hören kann: „Ich will Rama nicht in den Tod gehen lassen, er ist erst fünfzehn Jahre alt. Die Mordkumpane Rahwanas werden ihn töten. Priester, Ihr zerstört nicht nur mich, sondern meine ganze Familie. Das können die Götter nicht gewollt haben." Er beginnt zu schluchzen. Alle Umstehenden sind entsetzt, ihren mächtigen König so verzweifelt zu sehen, und leiden mit ihm.

Da erhebt sich mit einem Ruck der Priester. „Schweig!!!", ruft er mit einer Stimme, die durch den ganzen Palast dringt, „Wo bleibt dein Vertrauen zu den Göttern? Versündige dich nicht mit deinen Reden gegen sie!" Er dreht sich um und verlässt zornig mit raschen Schritten den Palast.

Die Diener bringen den erneut zusammengebrochenen König zu Bett, rufen Arzt und Priester herbei, sind fassungslos wie ihr Herr. Aus der Schlafkammer hört man die beschwichtigenden Stimmen der beiden Männer, die lange brauchen, Dasharatha zu beruhigen. Dann schläft er ein.

Am nächsten Morgen ist der oberste Priester seines Palastes bei ihm und macht ihm klar, dass sich Rama keinesfalls in Gefahr begeben wird, da er unter dem Schutz des höchsten Priesters steht. Dieser Priester sei nur darauf bedacht, das Wohl Ramas zu mehren, ihn unter den besonderen Schutz der Götter zu stellen und ihn als Helden hervortreten zu lassen. „Edler Herr", so fährt der Palastpriester fort, „wenn ihr Eurem Lieblingssohn Rama gut wollt, so lasst ihn mit dem höchsten Priester ziehen." Zögernd fasst Dasharatha Vertrauen, ersucht seinen von ihm beleidigten Gast zu kommen, erbittet Verzeihung und vertraut ihm dann seinen Sohn Rama an.

Dasharatha in väterlicher Sorge – Ramas erste Bewährungsprobe

Lange noch schaut der König der kleinen Gruppe von Männern nach, die unter Führung des Priesters allmählich im Staub der Straße in der Ferne verschwindet. Sein über alles geliebter Sohn Rama ist darunter, zusammen mit Lakshmana, der seinen Lieblingsbruder nicht alleine lassen will. Dasharatha kann das Ungeheuerliche dieses waghalsigen Abenteuers immer noch nicht verstehen. Wieder und wieder steigen Zweifel in ihm auf, ob er seine beiden Söhne nach diesem Kampf jemals lebend wiedersehen wird. Man hat ihn an sein Versprechen erinnert, das er bei seiner Königskrönung gegeben hat, sein ganzes Schaffen nur zum Wohl des Volkes einzusetzen. Aber seinen Sohn dafür hinzugeben – nein, das Opfer ist für ihn zu groß. Soll er die Männer wieder zurückrufen lassen und damit sein Amt als König aufgeben? Ohne seinen Sohn würde er sich aus Trauer ja ohnehin aus der Staatsverwaltung zurückziehen. Ist er nur zu feige, um für seinen Sohn sein eigenes Ansehen zu opfern? Nein, er ist bereit, für seinen Sohn auf seine Herrschaft zu verzichten.

Er winkt einen Diener herbei, um ihm den Befehl zu geben, das begonnene Unternehmen zu verhindern. Der Diener steht vor ihm, da schießen dem König die Worte seines Priesters durch den Kopf: „Wenn du das Beste für Rama willst, so lass ihn gehen. Die Götter wollen sich in ihm offenbaren."

Er schickt den herbeigeeilten Mann mit einem nichtigen Auftrag wieder weg. Was soll er nur tun? Zermartert von Gedanken sucht er Trost im Gebet und wird etwas ruhiger.

Seine Frauen versuchen, ihn zu erheitern. Mit einer Handbewegung drängt er sie zur Seite. Der König will alleine bleiben, nur sein Priester darf zu ihm, um gemeinsam mit ihm zu beten. Danach fühlt er sich etwas besser. Die Zeit schleicht träge dahin; nur warten, warten, warten. Er hat den Scheidenden Boten mitgegeben. Nach jedem Ereignis sollen sie zurückeilen und ihm berichten. Kein Bote kommt.

Neue Nachrichten

Qualvolle Tage gehen dahin. Eines Morgens herrscht großes Getümmel im Palast: die Leute rennen und schreien auf dem weiten Schlossplatz. Sie umringen einen Reiter, der aufgeregt mit den Armen schwenkt, den Boten des Königs. Man bringt ihn mit großer Hast zum ungeduldig wartenden Vater. Schon hat er die Türe seines Gemaches aufgerissen und geht auf den nach Atem ringenden Herold zu, ergreift seine Hand. Der junge Mann bekommt in der Hast keinen Ton heraus, aber sein Gesicht leuchtet vor Freude. Das bedeutet gute Nachrichten.

Er lässt sich auf den bereitgestellten Stuhl fallen und verschnauft. Der König dringt auf ihn ein: „Um Himmels willen erzähl, wie geht es meinen beiden Söhnen?"

Dann beginnt der Herold stoßweise immer wieder Atem holend: „Euren beiden Söhnen geht es gut. Sie sind wirkliche Helden. Ihr könnt stolz auf sie sein."

„Erzähl der Reihe nach", unterbricht ihn der König, der sich erleichtert auf seinen Sitz fallen lässt und gespannt dem Bericht lauscht.

„Zuerst näherten wir uns mit dem vor uns reitenden Priester einem gewaltigen Urwald. Uns fiel sogleich auf, dass kein Laut aus den Wald heraus drang. Wir wunderten uns sehr, weil gewöhnlich zur Abendzeit ein tausendstimmiger Chor wilder Tiere erschallt. Dann kam uns ein ganz aufgeregter Bauer entgegen und stieß schreckensbleich hervor, dass eine entsetzliche Dämonin gerade in dieser Gegend wüte. ‚Sie tötet alles Lebendige, flieht so schnell ihr nur könnt!' Der Priester ließ die kleine Wandergruppe anhalten und meinte zu den beiden Königssöhnen: ‚Jetzt ist eure Zeit gekommen. Betet mit mir zu den Göttern, und ich werde ihren Schutz auf euch herab rufen, damit ihr unbekümmert gegen das Ungeheuer kämpfen könnt!' Rama schlug vor, sie nicht gleich zu töten, da die Dämonin eine Frau sei. Urplötzlich stand das Riesenweib vor ihnen. Lakshmana hieb ihr zur Warnung erst einmal Ohren und Nasenspitze ab. Die Dämonin wurde aber noch wütender und warf gewaltige Felsbrocken auf die beiden Recken. Nun nahm Rama seinen Bogen, spannte ihn und sandte seinen Pfeil auf das Herz der bösen Riesin. Sie fiel mit einem gewaltigen Schrei tot zu Boden.

Sogleich begannen die Tiere im Walde zu jubeln. Die Menschen aus der Nähe, welche sich bis dahin verborgen gehalten hatten, stürmten hervor und tanzten vor Freude über das Ende allen Schreckens und ließen die beiden Helden hochleben. Eigentlich sollte meine Erzählung hier zu Ende sein", meint der Bote. „Gerade wollte ich mich aufs Pferd schwingen, um Euch noch in der Nacht die frohe Kunde zu überbringen, als mich der Priester festhielt: ‚Reitet jetzt noch nicht! Es ist in der Nacht nicht ungefährlich. Wenn Ihr außerdem morgen reitet, könnt Ihr dem König noch von etwas anderem berichten, das ihn beruhigen wird.' Neugierig geworden blieb ich. Der Priester begab sich nun mit euren beiden Söhnen in eine Waldhütte und begann mit lauter Stimme zu beten. Dann senkte sich Schweigen auf die Hütte herab, und ich dachte: Die Männer haben sich in die Meditation begeben. Ich schlief ein, wurde durch das laute Knarren der Holztüre geweckt und sah gerade noch im Mondlicht, wie die drei Männer im Wald verschwanden. Vor Neugierde wurde ich hellwach und wartete. Nach kurzer Zeit kam die Gruppe zurück. In den Händen trugen sie gewaltige Waffen, die im Sternenlicht blitzten und strahlten. Ich sprang auf und eilte euren Söhnen entgegen. ‚Nun weißt du, warum ich dich gebeten habe, noch länger hier zu bleiben', sprach der Priester. ‚Du kannst deinem König berichten, dass ich seine Söhne mit göttlichen Waffen ausgestattet habe. So können sie im Kampf gegen die beiden Kumpane Rahwanas bestehen. Melde, was du gesehen hast, das wird Dasharatha in seinem Vertrauen zu mir stärken.'"

Der König drückt dem Boten dankbar die Hände, ruft seine Diener herbei und lässt den vom langen Ritt ermüdeten Reiter sich laben und ausruhen. Er geht in den Tempel, um die Götter zu preisen und weiteren Schutz für seine Söhne zu erbitten. Nach langer Zeit kann man Dasharatha wieder lächeln sehen.

Die Ankunft des zweiten Boten

Wieder gehen Tage, ja Wochen ins Land. Keine Nachricht von den Söhnen. Zunehmend beginnt der König, sich wieder Sorgen zu machen. Auch die Dienerschaft am Hof ist ernster gestimmt, hört man doch von überall her die schrecklichsten Gerüchte über gewaltige Dämonenkämpfe in dem Wald, in dem sich die Söhne aufhalten.

Dann prescht der zweite Bote herbei. Sogleich erkennt Dasharatha am Gesicht und Verhalten des Mannes, dass er keine schlechte Nachricht zu überbringen hat. Aber warum ist er alleine ohne die Söhne gekommen? Der König lauscht voll Erwartung dem Bericht des Boten.

„Nachdem Euer erster Bote uns verlassen hatte, führte uns der Priester weiter durch eine waldreiche Gegend zu seiner Einsiedelei. Sie bestand aus ein paar einfachen Holzhütten für ihn und fromme Besucher. In der Mitte war ein freier Platz, auf dem ein Opferaltar stand. Nach dem langen Marsch sanken wir müde auf unser Lager.

Am nächsten Morgen wurden wir durch die lauten Gebete und Opfergesänge des Priesters geweckt. Rama und Lakshmana waren auch schon wach und beteten mit dem Priester. Wir verbrachten fünf geruhsame Tage in der herrlichen Natur, lauschten dem Gesang der Vögel und dem Rauschen der mächtigen Bäume. Dabei vergaßen wir nicht, zu den Göttern zu beten und ihnen Opfergaben darzubringen. Am sechsten Tag hatten wir in aller Frühe unsere Gaben auf den Altar gelegt und wollten mit Beten beginnen, als sich in der Nähe ein gewaltiges Heulen erhob. Ein Feuermeer hüllte den Altar ein, und durch die wabernden Flammen erblickten wir die schwarzen Fratzen zweier riesiger Unholde, die sich mit fürchterlichem Gebrüll über die Opfer hermachten und sie mit lautem Knirschen zermalmten. Ich hatte mich vor Angst hinter einem dicken Baumstamm zu Boden geworfen, hörte aber noch, wie Rama seinem Bruder laut zurief, dass jetzt die Stunde des Kampfes gekommen sei. Vorsichtig lugte ich aus meinem Dickicht heraus und sah, wie Rama seinen göttlichen Bogen spannte. Ich hörte ein lautes Sirren, den entsetzlichen Schrei des getroffenen Dämonen und den harten Schlag seines toten Körpers auf dem Boden. Nun stürzte sich dessen Freund auf Rama, vergeblich, ihm erging es genauso.

Wir sprangen aus unseren Verstecken heraus, tanzten und jubelten vor Freude. Ihre beiden Söhne blieben bescheiden und schickten ihre Dankgebete zu den Göttern im Himmel.

Ich freute mich schon darauf, mit den anderen nach Hause zu

eilen, als der Priester mich am Ärmel fasste und meinte: ‚Leider musst du alleine reiten, denn ich werde mit den übrigen Männern weiter ziehen, um meinen Freund, König Janaka, zu besuchen. Erzähl deinem König, dass ich Großes mit Rama vorhabe, über das sich dein Herr sehr freuen wird!' Hier bin ich mit meinem Bericht zu Ende, mehr weiß ich nicht."

Während der Erzählung hellt sich das Gesicht des Vaters immer mehr auf. Er springt auf: „Lasst uns den Göttern für ihre Hilfe danken!", und eilt zum Tempel. Gleichzeitig denkt er aber auch reuevoll daran, wie kleinmütig er zuvor gewesen ist, und bittet die Götter um Verzeihung.

Ein unerwarteter Gast

Wieder verstreichen einige Wochen. Doch diesmal bedeutet das Warten für Dasharatha etwas ganz anderes. Fröhlich harrt er freudigen Überraschungen entgegen.

Eines Morgens sieht er beim morgendlichen Gang auf der Schlosshöhe ein buntes Meer von Fahnen in der Ferne auftauchen. Eine Reiterschar nähert sich mit vollem Galopp und winkt den am Straßenrand stehenden Menschen übermütig Grüße zu. Der Zug nähert sich der Burgpforte, die Männer springen ab und reden mit den Wächtern. Einer von ihnen macht sich im Laufschritt auf zum königlichen Palast. Dasharatha eilt ihm voll Erwartung entgegen: Der Wächter meldet: „König Janaka schickt euch Boten mit einer freudigen Nachricht." Dasharatha drängt den Soldaten zur Seite und geht beschwingten Schrittes den Gästen entgegen, um sie auf das herzlichste zu begrüßen.

„Euer König Janaka ist mein bester Freund. Ich freue mich, euch empfangen zu dürfen." Er lädt die Schar der Ankömmlinge erst einmal in seinen Gästepalast ein, damit sie sich dort frisch machen und erholen können, und erwartet dann ihre Botschaft in seinem Audienzsaal. Der Anführer der Gruppe darf dicht neben dem König Platz nehmen und beginnt zu erzählen, während der König aufmerksam zuhört.

„Es war am späten Nachmittag. Ich saß mit meinem König Janaka beim Spiel, als uns plötzlich einer unserer Boten die Nachricht brachte, dass der Priesterfreund Janakas mit einem kleinen Gefolge sich den Toren der Stadt nähere. Wir sprangen beide voller Freude auf, riefen nach unseren Pferden und sprengten mit noch einigen Begleitern durch das Stadttor hinaus unseren Freunden entgegen. Die Begrüßung war so herzlich, wie es unter Freunden üblich ist, die sich lange nicht gesehen haben. Nun fragte Janaka den Priester: ‚Was sind das für zwei auffallend strahlende Männer, die Ihr da bei euch habt?' Der Priester erklärte: ‚Das sind die beiden Söhne Dasharathas, von deren Heldentaten Ihr sicherlich schon gehört habt. Sie möchten gerne Euren berühmten Bogen sehen.' Hochbeglückt lud der König sie zu sich in seinen Palast ein, dabei konnte er gar nicht genug die jugendliche Schönheit der Söhne seines Freundes bewundern. Dann bat der König um die Erlaubnis, sich zum Abendgebet zurückziehen zu dürfen. Am nächsten Tag in aller Frühe würde man sich wieder sehen, um Neuigkeiten auszutauschen und die Wunderwaffe zu besichtigen. Das hörten die Gäste mit Freude und gaben sich genüsslich der Ruhe hin. Der Luxus in einem Palast unterschied sich doch wohltuend von den ärmlichen Hütten im Wald.

Nach einem ausgiebigen Frühstück erschien Janaka und ging mit ihnen in seinen Audienzsaal. Man setzte sich, und der König ließ sich noch einmal von den Söhnen selbst über das Geschehene berichten.

‚Ich sehe, dass die Nachrichten, die ich über eure Heldentaten gehört habe, nicht übertrieben sind. Umso lieber werde ich euch gleich den Bogen zeigen. Vorher solltet ihr wissen, dass er ein Geschenk der Götter an meine Vorfahren ist. Er ist so schwer und unbiegsam, dass es bisher noch keinem gelungen ist, ihn zu spannen. Schon viele junge Recken haben es versucht, doch jedes Mal erfolglos. Immer wieder versuchten sie es neu, weil jeder wusste, wer ihn spannen kann, wird für würdig befunden, meine Tochter Sita heiraten zu dürfen.' Kaum hatte der König seine Worte beendet, als ein lautes Klopfen am Palasttor erklang. Viele keuchende Männer schleppten eine dicke Truhe herein und setzten sie vorsichtig ab. Janaka nickte Rama ermunternd zu. Rama ging zu der Truhe und öffnete den schweren knarrenden Deckel. Ein lautes Oh ging durch den Saal. Die Waffe lag in einem Bett duftender Blumen, und Wohlgeruch durchzog den ganzen Raum. Die Gefolgsleute des Priesters, die den Bogen noch nie gesehen hatten, staunten über seine Größe und reiche Verzierung.

Nachdem Rama eine Zeit lang dieses Kunstwerk ehrfurchtsvoll betrachtet hatte, beugte er sich über die Truhe und holte es ohne jede Anstrengung heraus, schwang es in die Höhe und zog langsam an der Sehne. Alle Umstehenden staunten. Rama zog und zog, und das Holz bog sich mehr und mehr. Die Leute klatschten, denn das Ungeheuerliche war vor ihren Augen geschehen. Rama hatte den Bogen gespannt. Er war der Sieger. Rama hörte jedoch nicht mit Ziehen auf. Plötzlich brach mit lautem Knall die Waffe entzwei.

Der Knall war so laut, dass man ihn in der ganzen Gegend hörte. Von überall her liefen die Leute neugierig und zugleich schreckerfüllt herbei und begannen zu jubeln, als sie Rama mit dem zersprungenen Bogen sahen. Janaka war von seinem Thron aufgesprungen und außer sich vor Freude. Er hatte den Helden gefunden, der würdig war, seine Tochter Sita zu heiraten.

Als sich das Jubelgeschrei gelegt hatte, ließ der Vater seine Tochter Sita holen. Von ihren Kammerzofen begleitet huschte sie leichtfüßig in ihrer ganzen jugendlichen Beschwingtheit herbei. Ein durchsichtiger Schleier bedeckte ihr Gesicht und ließ das ganze Ebenmaß ihres Antlitzes erscheinen. Ihre großen Augen leuchteten wie Edelsteine in der Sonne, und ihr schwarzes Haar fiel in Locken über ihre Schultern herab. Voller Erwartung schaute Rama sie an.

Ein solch schönes Mädchen hatte er in seinem ganzen Leben noch nicht gesehen. ‚Fürwahr, sie ist eine Göttin, wirklich direkt aus der Erde geboren, wie Janaka sagt', mochte wohl der junge Königssohn denken. Sita errötete und atmete heftig, so sehr beeindruckte sie der junge Held. Der Vater schaute mit Wohlgefallen auf das junge Paar, und als er die beiden fragend anblickte, entdeckte er ihr zustimmendes Nicken und verkündete mit freudig erregter Stimme, dass er die Hochzeit der beiden plane. Nun bin ich hier, um eure Erlaubnis zu dieser Hochzeit zu erbitten und euch zu dieser Feier einzuladen."

Eine frohe Reise

Dasharatha willigt sofort frohen Herzens ein. „Gleich morgen wollen wir aufbrechen, ich kann es kaum abwarten, meine Söhne zu sehen und auch meine Schwiegertochter kennen zu lernen.“ Seine beiden Söhne Bharata und Shatrughna, die in der ganzen Zeit beim Zuhören vor Spannung kaum zu atmen gewagt haben, rufen wie aus einem Munde: „Auch wir möchten mit dir ziehen, Vater, unsere Brüder treffen und bei der großen Hochzeit dabei sein!“

„Selbstverständlich nehme ich euch mit“, lacht der Vater, „aber nun schnell, nutzt die Zeit, die Nacht zur Vorbereitung ist nur kurz. Schon bei Morgengrauen wollen wir losziehen. Ich kann es kaum erwarten, meine vier geliebten Söhne beieinander zu sehen und Rama als Bräutigam meinen Segen zu geben.“

Alles springt auf und eilt zum Packen. Befehle und Rufe erklingen. Im ganzen Palast wimmelt es wie in einem Ameisenhaufen.

Als die Sonne ihre ersten Strahlen über den Horizont schickt, steht der ganze Zug zum Aufbruch bereit: Soldaten schwenken ihre Waffen, an die sie Blumen und Fähnchen gebunden haben, um ihre friedliche Absicht zu zeigen. Feurige Pferde scharren ungeduldig den Boden. Die großen Reisewagen sind mit Geschenken und Proviant beladen. Das Begleitpersonal und die Diener sind schon aufgesprungen. Die Kutscher lassen ihre Peitschen knallen. Den Abschluss bildet eine riesige Herde der besten Kühe, die als Gastgeschenke für Janaka gedacht sind. Dasharatha steigt mit seinen Söhnen auf die frisch gesattelten Pferde, und mit Winken und lauten Abschiedsrufen setzt sich der gewaltige Zug langsam in Bewegung.

Nach vier Tagen tauchen die Türme der Stadt Janakas vor ihnen auf. Die Reisenden sind froh, bald ihr Ziel erreicht zu haben. Für die Städter ist der gewaltige Zug Dasharathas natürlich auch schon von weitem sichtbar geworden. Neugierig klettern sie auf Stadtmauern und Türme und betrachten das farbenfrohe Schauspiel. Sie sehen, wie ihr König mit einem Trupp Soldaten den Fremden entgegen reitet. Die Heerführer springen ab und fallen sich in die Arme. Es gibt ein langes und herzliches Begrüßen, und die Worte fliegen wie lustige Vögel hin und her. Weit stehen die Tore der Stadt offen, als man gemeinsam eintrifft. Bedienstete und Offiziere huschen hin und her, brüllen ihre Befehle, und im Nu sind alle Ankömmlinge gut untergebracht. Gegen Abend will man sich zum gemeinsamen Male im Audienzsaal treffen. Aber vorher sitzen noch Rama und die anderen drei Brüder zusammen und erzählen und erzählen.

„Jetzt ist aber Schluss, wir wollen doch heute Abend Prinzessin Sita sehen“, unterbricht Dasharatha plötzlich das Gespräch. Alles rennt in die Gemächer, um sich frisch zu machen und neue Kleidung anzulegen. Es ist auch höchste Zeit. Schon klopfen die Diener an die Türen, um die Familie abzuholen. Man eilt zum Audienzsaal. Janaka und seine beiden Töchter sind schon da, und erneut verneigt man sich zum Gruß. Dabei fällt auf, dass die jüngste Tochter Janakas wie gebannt auf Lakshmana schaut und sanft errötet. Auch Lakshmana wendet kein Auge von ihr. Aber sie haben noch keine Gelegenheit, miteinander zu sprechen, denn die Könige tauschen ihre offiziellen Reden aus. In dieser Zeit aber treffen sich immer wieder die verstohlenen Blicke der beiden jungen Leute. Das bleibt auch nicht dem hohen Priester verborgen, der bis jetzt alles so unübertrefflich arrangiert hat. Dass er nun nach den Ansprachen der Könige das Wort ergreift, damit haben eigentlich alle Zuhörer gerechnet. Nicht aber wissen sie, was der Priester sagen will. Umso erstaunter sind sie, zu vernehmen, dass er eine Heirat zwischen der jüngeren Tochter Janakas und Lakshmana vorschlägt. Verwundert schauen sich die beiden Väter an und fühlen sich wirklich überrumpelt. Als sie aber ihre beiden vor Verlegenheit erröteten Kinder anschauen, wissen sie, dass die Antwort nur lauten kann: „Ja“ Die Gäste im Saale klatschen. Plötzlich kündigt der Herold die Ankunft des jüngeren Bruders Janaka mit seinen beiden Töchtern an. Sie treten etwas schüchtern in die Mitte der Versammlung. Ein Oh geht durch die Halle; die beiden Mädchen sind zu solchen Schönheiten herangewachsen, dass die Augen der Anwesenden vor Verwunderung übergehen. Der Priester verkündet nun mit lauter Stimme, dass er eine vierfache Hochzeit vorschlägt. Das kommt für alle doch sehr plötzlich. Ein Raunen geht durch den Saal. Es wächst zu einer allgemeinen Zustimmung an. Bravorufe ertönen, und die acht Kinder strahlen vor Freude. So beschließt man, in kurzer Zeit eine Hochzeit zu feiern, welche bis jetzt im Lande einmalig sein wird.

Zu später Stunde setzen sich noch die engsten Familienangehörigen zusammen, verlesen ihre Stammbäume und halten zu Ehren der Ahnen ein Mahl. Dann aber freuen sich alle auf den Hochzeitstag.

In der Frühe wird in einem riesigen Zelt, das man über Nacht aufgebaut hat, ein großer Altar errichtet. Janaka ist bereits anwesend und überwacht mit dem Priester gemeinsam die Vorbereitungen. Die Opfergaben werden herbei gebracht, die Thronsessel und Priestersitze geschmückt. Zuletzt nahen die Bräute mit Juwelen und kostbaren Stoffen geschmückt.

Draußen wartet Dasharatha mit seinen Söhnen. Einen Tag zuvor hat er seine gewaltige Kuhherde an die Brahmanenpriester verteilt, die wiederum das Gastgeschenk an die Bewohner der Stadt weitergeben. Nun ertönt der große Gong. Janaka verlässt das Zelt und bittet Dasharatha, mit den Seinen den heiligen Ort zu betreten, um die Feier vollziehen zu können. Gemessenen Schrittes folgen die Geladenen dem König. Die Priester haben die Opfergaben auf den Altar gelegt, welche sie mit dem darunter liegenden Duftgras und Holz entzünden.

Riesige Weihrauchgefäße verströmen Wohlgeruch. Die Priester und Nonnen singen feierlich die vorgesehenen Lobgesänge. Die Bräute stehen auf der anderen Seite des Altars den Bräutigamen gegenüber. Nun tritt Janaka im festlichen Ornat gekleidet hervor, führt Sita Rama zu, fordert die beiden auf, sich die Hände zum Versprechen zu geben und betet seine Segenswünsche über das Paar, während die Priester es mit geweihtem Wasser segnen. „Meine Tochter Sita, hiermit übergebe ich dich an Rama, mögest du ihm wie ein Schatten folgen und immer für ihn da sein!“ Mit diesen feierlichen Worten beschließt Janaka die Vermählung. Ebenso geschieht es mit den anderen Paaren. Als sie mit ihren Eltern aus dem Zelt treten, brandet ihnen ein nicht enden wollender Jubel entgegen. Man gibt seiner ganzen Freude und Dankbarkeit in einer gewaltigen Feier zum Ausdruck, welche sich über Tage erstreckt.

Dann aber verabschieden sich die Gäste und hinterlassen Wehmut bei den Verbleibenden. Die jungen Frauen versprechen, bald zu Besuch zu kommen, und ihre jungen Männer überzeugen alle mit ihrer festen Absicht, ihre ihnen anvertrauten Gemahlinnen zu beschützen und zu verwöhnen. Ein noch größerer Zug als zuvor, beladen mit unzähligen Brautgeschenken, verlässt die Stadt und wird von den Bewohnern von Ayudhya wenig später jubelnd empfangen.

Buch II
WICHTIGE EREIGNISSE IN AYUDHYA

Hochzeitskutsche

Dasharatha zieht sich aus den Staatsgeschäften zurück – Juwelen des Lebens

Allmählich hält der Alltag nach den großen Freudenfeiern wieder im Palast und in der Stadt Ayudhya Einzug. Die Bürger gehen ihrer Arbeit nach, und auch Dasharatha widmet sich nun wieder ganz dem Regieren.

Eines Tages ruft er Bharata und dessen Bruder Shatrughna zu sich, und bittet sie, ins Land der Kekayer zum königlichen Großvater zu reisen, ihm seine Grüße und Geschenke zu überbringen und die Verbindung zwischen beiden befreundeten Reichen zu festigen. Beide sind hoch erfreut über dieses Angebot, verspricht es ihnen doch Abwechslung und stellt sie vor neue Aufgaben. Schnell machen sie sich reisefertig, verabschieden sich gut gelaunt und reiten mit einem Trupp Soldaten aus der Stadt.

Rama hilft derweil dem Vater bei dessen königlichen Pflichten. Immer öfter hat er ihn zu vertreten. Er reist an seiner Stelle in benachbarte Städte und Länder und verhandelt mit den Bewohnern, wenn sich Schwierigkeiten eingestellt haben. Alles, was Rama in die Hand nimmt, gelingt ihm vortrefflich. Immer mehr steigt sein Ansehen, und die Bewohner des Landes schenken ihm ihre ganze Zuneigung.

Das sieht Dasharatha mit väterlichem Stolz und großer Freude, und immer mehr macht er sich mit dem Gedanken vertraut, seine Regierung ganz in die Hände seines ältesten Sohnes Rama zu legen und sich aus den Staatsgeschäften zurück zu ziehen. Ehe er mit jemandem darüber spricht, lässt er seine eigenen Erfahrungen und Erkenntnisse in seinen Gedanken an sich vorüberziehen. Wie an Juwelen im Sonnenlicht erfreut sich der alte König an diesen doch so oft vergessenen Wahrheiten, die das Leben reich machen. Dabei prüft er gewissenhaft, in welchem Maße Rama diese schätzt und sich zu Eigen gemacht hat:

Der Edle lebe im Einklang mit dem Willen der Götter und deren segensreichen Kräften, die das Bestehen des Kosmos erhalten.

Das macht ihn bescheiden, weise und dankbar.

Er gewinne die Freundschaft von Priestern und weisen Männern und folge deren Rat. Er vergesse nicht bei den alltäglichen Aufgaben, den Kontakt mit Religion, Wissenschaft und Kunst nicht zu verlieren.

Er übe sich in der Geschicklichkeit körperlicher Kräfte auch in Kampf.

Er sei fürsorglich und hilfsbereit seinen Mitmenschen gegenüber, spreche nie schlecht über andere, dränge ihnen nicht seine Meinung auf. Er handele nicht im Zorn, reagiere nicht auf Beleidigungen, meide jeden Streit. Er habe Nachsicht mit den Fehlern anderer und übe sich in Geduld. Fern seien Neid und Stolz.

So öffnet er sich den guten Kräften, die ihn stark machen im Kampf gegen das Böse.

Voller Freude kommt Dasharatha zu dem Schluss, dass sein Sohn Rama in vollem Maße diesem Idealbild eines Menschen entspricht, ja ihn selbst darin sogar übertrifft.

In Dankbarkeit betet er zu den Göttern und beschließt, Rama möglichst bald zum König krönen zu lassen. Zur Gewissheit ruft er noch zuvor seine Minister, Nachbarkönige und Priester herbei und bittet sie um ihren Rat. Alle sind einstimmig der Meinung, dass Rama ein würdiger Nachfolger seines Vaters werden wird und sichern ihm ihre volle Unterstützung zu. Die Priester bestimmen einen günstigen Tag für die Königskrönung. Boten bringen die Einladungen dazu bis in entfernteste Reiche. Nicht lange danach kommen die ersten freudigen Zusagen. Ayudhya beginnt nun voller Jubel, sich auf ein gewaltiges Fest vorzubereiten.

Das Böse schleicht sich ein

Dasharathas Frau Kaikeyi hat eine Magd, die schon in ihrem Elternhaus als solche gedient hat. Die Eltern hatten sie aus Mitleid in den Dienst genommen, weil sie so hässlich und verwachsen war, außerdem war sie nicht gerade mit geistigen Gaben gesegnet, so dass sie niemals hätte einen Mann ehelichen können. Als Kaikeyi heiratete, nahm sie diese mit nach Ayudhya.

Die Magd ist gerade dabei, mit ihrem Besen das Flachdach des Palastes zu säubern. Von dort oben hat sie einen guten Ausblick auf die Stadt. Was ist heute nur los? Die Leute rennen in den Straßen auf und ab, schwenken bunte Fahnen und machen dazu einen nicht zu überhörenden Lärm. Andere schleppen schwere Lasten nach Hause. Eine Gruppe junger Männer singt laut und ausgelassen ein Soldatenlied und stolpert in die nächste Wirtschaft. Dazwischen drängen sich vornehm gekleidete Reiter, die es sehr eilig haben. Vom Tempel her erschallen laute Gongschläge.

Die Magd verzehrt sich vor Neugierde. Weit beugt sie sich über die Umrandungsmauer des Daches hinaus und sieht auch tatsächlich, wie sich die Amme Ramas im weißen Festtagsgewand durch die Menge drängt. Mit lautem Ruf bringt die Magd sie zum Halten. „Was ist los heute?“ Die Amme antwortet: „Heute ist ein Freudentag, denn morgen wird Rama zum König gekrönt werden!“ Vor lauter Schreck bekommt die Magd keinen Ton mehr heraus. „Rama soll König werden; Rama soll König werden“, murmelt sie verstört. Warum nicht Bharata, der Sohn ihrer Herrin? Sie rennt immer die gleichen Worte murmelnd sofort zu ihrer Herrin und berichtet, was sie gehört hat.

„Oh, wie schön“, antwortet Kaikeyi, „Rama wird bestimmt ein guter König werden. Ich freue mich für ihn. Komm, wir wollen zusammen ausgehen und mitfeiern. Heute ist wirklich ein großer Tag, und zum Zeichen meiner Freude und für deine treuen Dienste schenke ich dir diese Perlenkette.“ Die Magd wirft die ihr gereichte Kette auf den Boden und beginnt zu schreien: „Oh Herrin, ich bin außer mir vor Zorn. Seid Ihr blind? Denkt Ihr nicht an Euren eigenen Sohn Bharata?“

Kaikeyi versucht, die wütende Magd zu beruhigen, versucht ihr klar zu machen, wie gut Rama als König sein wird. Umso böser wird die Alte und beginnt wie eine Furie zu kreischen: „Herrin, was seid Ihr für eine herzlose Mutter. Wenn Rama König ist, wird er Bharata verstoßen, wird ihn aus der Stadt jagen lassen, ja, ihn sogar töten. Wenn Euer Ehemann tot ist, wird er das Gleiche mit Euch machen.“ Sie beginnt zu schluchzen und zu heulen. Kaikeyi hat noch nie in ihrem Leben die sonst so bescheidene und dienstfertige Magd in einem solchen Zusand gesehen. Sollte sie vielleicht Recht haben? Die Königin beginnt nachzudenken. Ohne dass sie es merkt, verschaffen sich Angst, Zweifel und Neid Einlass in ihrem Herzen. Sie liebt ihren Sohn Bharata doch über alles. Aufgeregt beginnt sie, hin und her zu laufen. War die Liebe und Zuneigung, die ihr Rama bisher schenkte, vielleicht doch nur kühle Berechnung? Wer gibt ihr Sicherheit?

Sie muss ihr Schicksal jetzt in eigene Hände nehmen. Sie ist bereit, für das Wohl ihres Sohnes zu kämpfen. Sie ist bereit. Aber was soll sie tun?

Sie wendet sich an ihre Magd. Diese wird plötzlich ganz ruhig und zischt bestimmend: „Ich weiß, wie du Bharata zum König krönen lassen kannst."

Nun beginnen die beiden Frauen zu tuscheln und zu flüstern. Lange hocken sie zusammen, achten nicht auf den jubelnden Lärm von draußen. Ihre Gesichter werden finster und verschlossen. Dann trennen sie sich, um ihre bösen Pläne auszuführen.

Dasharatha besucht Kaikeyi

Dasharatha hat fast die ganze Nacht vor Freude nicht geschlafen. Doch er steht frisch und sprudelnd vor Tatkraft von seinem Lager auf. So jugendlich hat er sich schon lange nicht mehr gefühlt. Nach dem Frühstück eilt er hinunter in den Schlosshof und trifft seine Anordnungen zur Königskrönung Ramas. Nur mit diesem selbst hat er noch nicht gesprochen. Diese Freude will er sich für den nächsten Tag aufbewahren. Den ganzen Tag verbringt er mit Vorbereitungen und Gesprächen. Der Verlauf der Zeremonie wird genau mit den Priestern durchgesprochen. Die vielen Gäste aus nah und fern erwarten seine Begrüßung. Die Stunden eilen dahin. Endlich gegen Abend kommt er dazu, seine Frauen aufzusuchen und ihnen seine große Überraschung mitzuteilen.

Frohgemut eilt er mit großen Schritten auf den Palast Kaikeyis zu. Sie ist seine Lieblingsfrau, jung und verführerisch schön. Ihr gilt daher seine besondere Zuneigung, dabei hat er natürlich auch nicht vergessen, dass sie ihn einst vom Tode errettet hat.

Er stürmt die Treppen hinauf wie ein junger Gott, immer eine Stufe überschlagend. Gleich wird er seine Geliebte in seinen Armen halten, und sein Glück wird vollkommen sein. Die Diener treten scheu zur Seite, dann ist er im Hauptgemach der Königin. Wo ist sie? Sicher will sie ihn überraschen und hat sich versteckt. In aller Hast schaut er nach. Nichts. Er ruft, einmal, zweimal, dreimal: keine Antwort. Da bewegt sich die Tür: Sie kommt.

Welche Enttäuschung: Es ist die buckelige Dienerin, die den Raum betritt. Er fragt ungeduldig: „Wo ist Kaikeyi?“ Die Dienerin antwortet ihm mit todernstem Gesicht: „Sie ist in der Kammer des Kummers.“ Er fragt gar nicht erst weiter, sondern stürmt durch den langen Gang und reißt die Tür zur Kammer des Kummers jäh auf.

Mit Entsetzen sieht er mit einem Blick: Kaikeyi liegt in Tränen aufgelöst auf dem Boden, in völliger Verzweiflung gibt sie sich ihrem Schmerz und ihrer Trauer hin. Was ist geschehen? Der König eilt zu ihr, beugt sich besorgt über sie, will sie in seine Arme nehmen. Sie stößt ihn weg. Dasharatha ist ratlos, versucht noch einmal, seinen Arm um sie zu schlingen. Sie löst sich von ihm mit energischem Ruck. Jetzt ist auch er verzweifelt. Was ist geschehen? Was hat er falsch gemacht? Er bedeckt ihr Gesicht mit Küssen. Sie dreht sich von ihm weg. Er zieht sie mit Gewalt an sich. Sie entwindet sich ihm, wälzt sich auf dem Boden vor Schmerzen.

Er versucht es mit Sanftmut, krault ohne zu sprechen ihr aufgelöstes Haar, streicht ihr über den Rücken, zärtlich und liebevoll. Endlich wendet sie sich ihm zu, nimmt seine Liebkosungen entgegen. Es bricht aus ihm heraus: „Kaikeyi, ich kann ohne deine Liebe nicht leben. Ich will dir alles geben, was immer es auch ist. Oh sprich mit mir. Wenn ich dir wehgetan habe, verzeih!“ Seine Sätze purzeln wild durcheinander, genau wie seine Gedanken. Er ist sich nur in einem sicher: „Ich kann nicht ohne ihre Liebe leben und will alles dafür hergeben.“ Dann geschieht es wie ein Wunder: Kaikeyi erwidert seine Zärtlichkeiten und streicht mit liebevoller Zartheit seinen Arm, sein Gesicht. Dann erfährt er die Ursache ihrer Trauer: Die Krönung Ramas.

Dasharatha schaut sie fassungslos an. Was ist mit seiner geliebten Frau geschehen? Aber er kommt gar nicht dazu zu fragen. Mit leiser, aber vernehmlicher Stimme bittet Kaikeyi ihn, ihr die zwei Wünsche zu gewähren, die er ihr damals im Krieg versprochen habe, als sie ihm das Leben rettete. Ohne Pause fährt sie fort: „Ich bitte dich darum, dass mein Sohn Bharata König wird und dass du Rama für vierzehn Jahre in die Verbannung schickst!“

Der König ist sprachlos. Ein dumpfes Brausen erfüllt seinen Kopf. Seine Glieder sind schwer. Der eben noch so jugendliche Held ist urplötzlich zu einem hilflosen Greis geworden, der kaum versteht, als Kaikeyi weiter spricht und ihn daran erinnert, dass er als Ehrenmann dazu verpflichtet sei, seine Versprechungen, die er im Angesicht der Götter feierlich geleistet habe, einzuhalten.

Kaikeyi ist eine Kämpferin geworden. Sie fordert grausam ihr Recht. Sie hat die Bande der Liebe jäh zerrissen. Sie hat ihren Mann besiegt. Der ist hilflos neben ihr zusammengesunken, starrt ins Leere und weiß: „Jetzt ist mein Ende gekommen."

Rama bei Kaikeyi

Rama hat natürlich den Trubel in Schloss und Stadt auch bemerkt und den Anlass schnell heraus bekommen. Er bleibt gelassen und wartet in Ruhe darauf, dass sein Vater ihn rufen wird, um ihn zu bitten, seine Nachfolge anzutreten.

So ist er nicht überrascht, als ihm ein Bote mitteilt, sein Vater wolle ihn sprechen, um ihm etwas Wichtiges mitzuteilen. Er möge zum Palast Kaikeyis kommen. Dort warte sein Vater auf ihn.

Wohlgemut macht sich Rama sofort auf den Weg. Er hat es nicht weit und springt behände genau wie sein Vater zuvor die Treppe hinauf. Er öffnet munter die Tür: „Vater, hier bin ich." Dann erblickt er den Vater in seinem ganzen Jammer.

Neben ihm steht hochaufgerichtet wie eine Säule Kaikeyi. Erschrocken bleibt er einen Augenblick stehen, nimmt das ganze Bild des Elends in sich auf. Dann stürzt er vor seinem Vater zu Boden: „Was ist geschehen, das dich so zerstört hat? Weinst du über mich?" Sein Vater legt die zitternden Hände auf die Schultern seines Sohnes und bringt in seiner Qual nur die Worte: „Rama, Rama", hervor. Umso verwirrter ist Rama: „Alles werde ich für dich tun, um dich wieder heiter zu sehen wie sonst. Was ist geschehen?" Er umschlingt, noch immer auf dem Boden kniend, die Beine Dasharathas. Dann vernimmt er die schneidend harte Stimme Kaikeyis: „Du hast gar nichts getan. Dein Vater schämt sich nur zu sagen, dass Bharata statt deiner zum König gekrönt wird. Du wirst für 14 Jahre in den Wald in die Verbannung geschickt." Rama schaut seinen Vater an. Der nickt unter Tränen. Eine Zentnerlast fällt Rama vom Herzen. „Wenn das alles ist? Gerne werde ich in den Wald gehen, wenn du es wünscht." Er schaut seinen Vater ernst an und fährt weiter fort: „Du weißt, dass ich das Amt eines Königs nur als eine große Aufgabe und Verpflichtung gesehen habe. Bharata, mein geliebter Bruder, wird ein sehr guter König werden, und ich habe bei dir so viel gelernt, dass ich das Leben im Walde nicht scheue. Mach dir keine Sorgen, ich werde glücklich sein im Gedanken, deinen Willen und den Willen der Götter zu erfüllen." Vergeblich versucht er seinen Vater zu trösten, wenn er dessen so stark verändertes Verhalten auch nicht begreifen kann. Sein Blick fällt auf Kaikeyi. Sie sitzt da mit triumphierendem Lächeln. Nun wird ihm mit einem Mal klar, dass diese Frau ihn vernichten und ihren eigenen Sohn Bharata fördern will. Voller Mitleid schaut er die sich in Bosheit und Selbstsucht verzehrende Frau an, die er bisher voll Achtung auch als seine Mutter betrachtet hatte.

Er wendet sich um, verlässt schweigend den Raum. Er behält nur eine Sorge, die Sorge um seinen Vater.

Abschied

Schon bei seinem schnellen und plötzlichen Aufbruch hat Rama die zahlreichen Diener gesehen, die sich an den Kammertüren vor Neugierde die Ohren platt drücken, um auch nur jedes Wort aus dem Inneren zu verstehen.

Er schaut in ihre Gesichter. Ängstlich blicken sie vor ihm zu Boden. Nun weiß er, sie haben alles verstanden und werden in Windeseile die neuen Nachrichten in der ganzen Stadt verbreiten. Er denkt an seine Mutter Kaushalya. Er muss bei ihr sein, ehe die Schreckensnachricht sie erreicht. Geradewegs strebt er mit zügigen Schritten ihrem Palast zu. Er trifft seinen Bruder Lakshmana und bittet ihn, ihm zu folgen.

Als der Diener die beiden zu Kaushalya führt, sind Ramas Augen fast geblendet. Seine Mutter steht vor ihm im Festtagsgewand. Es fällt in langen Bahnen aus feinster Seide. Edelsteine verzieren Stola und Schuhe. Noch nie hat er seine Mutter so strahlend gesehen. Er weiß, dieses Kleid ist nur für seine Königskrönung bestimmt.

Die Mutter lacht. „Rama, bin ich schön genug für deine Krönung?“

Rama gibt keine Antwort, zieht seine Mutter zum Diwan, und beide lassen sich nieder. Rama ergreift die Hände seiner Mutter und sagt ihr: „Bleibe bitte ruhig! Ich muss dir die traurige Mitteilung machen, dass ich nicht zum König gekrönt werde.“ Die Mutter starrt ihn fassungslos an. Vergeblich versucht sie zu begreifen, was Rama ihr sagt. Dann durchdringt das laute Schluchzen einer verzweifelten Mutter den Raum. Lakshmana gewinnt als Erster seine Fassung wieder: „Nie werden wir zulassen, dass ein anderer als du König wirst!“ Er bestürmt seinen Bruder, sich auf keinen Fall zurückzuziehen und auf das Königsamt zu verzichten. „Jeder in Ayudhya wird das Schwert für dich ergreifen und sein Leben für dich aufs Spiel setzen“, dringt Lakshmana weiter auf ihn ein, und seine Mutter bittet unter Tränen, doch stark zu bleiben. „Ich werde stark bleiben. Einst hat mein Vater vor den Göttern geschworen, Kaikeyi mit zwei Wünschen zu belohnen. Auch wenn sich ihre Wünsche nun gegen mich wenden, werde ich seinen Schwur nicht brechen, in dem ich ihm meinen Gehorsam verweigere und ihn damit seiner Ehre beraube. Wir sind nur eine kurze Zeit Gast auf Erden, und ich werde lieber das Richtige tun, als mir durch Unrecht die flüchtigen Annehmlichkeiten eines königlichen Lebens zu verschaffen. Mutter, du hast Recht, ich werde stark bleiben.“ Er hat seine Mutter überzeugt. Unter Tränen, aber mit Stolz in ihrem Herzen segnet sie ihn. „Ich werde erst dann wieder lachen können, wenn du gesund zurückkommst!“, ruft sie ihrem scheidenden Sohn zu.

Der geht zu seiner Kammer, reißt sich die königlichen Kleider vom Leib, hüllt sich in einfaches Tuch und eilt, so schnell er nur kann, zu Sita, seiner über alles geliebten Frau. Auch sie weiß noch nichts von den jüngsten Ereignissen und empfängt ihn ahnungslos mit der Frage, warum er so einfach wie ein gewöhnlicher Bürger gekleidet sei. Als Rama ihr alles erklärt hat und sie bittet, auf seine Mutter zu achten und sie zu trösten, antwortet sie ganz ruhig: „Du weißt, was ich dir bei unserer Hochzeit versprochen habe. Ich werde wie dein Schatten sein und dich immer begleiten, wohin du auch gehen magst.“ Vergeblich versucht ihr Rama klar zu machen, dass der Regenwald voller Gefahren und das Leben eines Verbannten wirklich nicht für eine Prinzessin geeignet ist. Sitas Entschluss ist unumstößlich. Nun wendet sich Rama Lakshmana zu, um sich von ihm zu verabschieden. Umsonst, Lakshmana besteht auch darauf, ihm auf seinem Weg in die Verbannung zu folgen und mit ihm gegen alle Unbill zu kämpfen und alle Unannehmlichkeiten zu ertragen.

Alle drei suchen nun in Bußkleidern König Dasharatha auf. Es wird ein unbeschreiblich schmerzlicher Abschied. Der alte Mann weint noch immer und zittert vor Schwäche. Er legt ihnen die Hände auf, segnet sie und stellt sie unter den Schutz der Götter. Als sie gehen, haben sie noch immer das Schluchzen des alten Mannes in den Ohren, der sich hilflos einem gnadenlosen Geschick preisgegeben sieht.

Mit wenigen Habseligkeiten machen sie sich auf den Weg aus der Stadt heraus. Heimlich wollen sie Ayudhya verlassen, um kein Aufsehen zu erregen. Es gelingt ihnen nicht. Die Straßen sind gefüllt mit weinenden Menschen. Selbst die Priester bitten sie, doch da zu bleiben. Die Verbannten schütteln unzählige Hände. Dabei gehen sie Schritt für Schritt weiter, unentwegt weiter hinein in den Wald. Der letzte Bewohner der Stadt ist ihren Blicken entschwunden. Die Wildnis hat sie aufgenommen.

Bharata kehrt nach Ayudhya zurück

Bharata verbringt mit seinem Bruder eine wunderschöne Zeit am Hofe seines Großvaters. Der Großvater liebt seine Enkel sehr und tut alles, um sie zu verwöhnen. Je länger sie bei ihm weilen, desto mehr genießt er ihre Anwesenheit und freut sich über die wohlerzogenen und in allen Künsten bewanderten Nachkommen.

Eines Morgens sitzt Bharata mit ungewohnt ernstem Gesicht am Frühstückstisch. Dem König fällt der sorgenvoll dreinblickende Enkel sofort auf, und er fragt nach der Ursache seiner Bedrücktheit. Es war ein schrecklicher Traum, der dem jungen Mann so zu schaffen macht. Als er ihn erzählt, wird auch der König ganz ernst:

„Dein Traum kündigt den Tod im engsten Familienkreis an. Aber beruhige dich, nicht immer werden Träume wahr." Das Gespräch wird unterbrochen durch ein lautes Klopfen an der Tür: ein königlicher Bote aus Ayudhya möchte seinen Bericht erstatten. Doch ehe der Mann beginnen kann, bestürmt ihn schon Bharata: „Wie geht es meiner Familie? Sind alle wohl auf?" Der Bote lacht: „Allen geht es bestens. Ich komme mit einer guten Nachricht: Komm nach Hause zurück! Rama wird zum König gekrönt. Er schickt mich zu euch mit seiner Einladung, damit ihr euch mit ihm freuen könnt." Im Augenblick ist der schreckliche Traum vergessen. Die beiden Brüder stürmen los, um ihre Sachen zu packen und sich reisefertig zu machen. Sie verabschieden sich auf das allerherzlichste, nehmen die Grüße der Großeltern mit und reiten nur mit kurzen Pausen, bis sie nach sieben Tagen Ayudhya erreicht haben.

Sie sprengen durch das Stadttor. Kein Wächter hält sie auf. Was sind die Leute auf den Straßen nur so still? Keiner schaut zu Bharata auf und winkt ihm einen Willkommensgruß zu. Im Gegenteil: die Bürger der Stadt wenden sich von ihm ab, tun so, als ob sie ihn nicht sähen. Was ist geschehen? Panik ergreift Bharata. Er stürmt mit seinem Bruder in den Palast Kaikeyis. Alle Türen stehen weit auf, der Blumenschmuck ist entfernt. Er ruft den Namen seines Vaters. Vergeblich. Er schreit. Kein Laut. Wo ist mein Bruder Rama? Er hastet zur Kemenate Kaikeyis. Dort sitzt sie auf ihrem Diwan und macht sich schön. Den Göttern sei Dank. Wenigstens seine Mutter ist da. Er stürmt auf sie los, umarmt sie zur Begrüßung. „Wo ist Vater?"

„Dein Vater ist tot", antwortet Kaikeyi mit harter Stimme. Bharata fällt vor Schreck zu Boden. Es ist still, ganz still, dann durchdringt das Weinen des Sohnes den Raum. Nach einer Weile greift Kaikeyi ein, will ihm Mut zusprechen, ihn trösten. „Dein Vater ist gestorben aus Gram über die Verbannung Ramas."

Keine Antwort. Kaikeyi spricht weiter: „Ich habe bei deinem Vater durchgesetzt, dass du zum König gekrönt wirst und dass Rama für vierzehn Jahre in die Verbannung zieht. Das konnte dein Vater nicht ertragen. Freue dich, mein Sohn, jetzt wirst du König sein." Eine lange Pause lastet im Saal, unerträglich lang. Plötzlich springt Bharata auf und schreit der Mutter seinen ganzen Jammer und Zorn entgegen. „Ich verachte dich, Mutter, aus dem Abgrund meiner Seele. Du bist nicht mehr meine Mutter. Du bist eine schandbare Verbrecherin!" Er dreht sich um und geht.

Geradewegs eilt er zu seiner Stiefmutter Kaushalya. Sie erkennt ihn schon an seinem Schritt. Er wirft sich vor der in Trauerkleidung gehüllten Frau zu Boden, um ihr seine Ehrfurcht zu zeigen. Kaushalya zieht ihn hoch und fragt ihn mit leiser Stimme: „Dass du gerne König bist, kann ich verstehen. Aber warum hast du deinen Bruder Rama in die Verbannung geschickt? Warum?" Bharata ist entsetzt: „Nie werde ich König, und an der Verbannung Ramas bin ich wirklich völlig unschuldig. Ich habe von diesem Unglück gerade erst erfahren." Er lässt sich neben die trauernde Witwe fallen und starrt ins Leere.

Nun erkennt Kaushalya in einem Augenblick den wahren Sachverhalt, zieht ihn zu sich und beginnt, den ratlosen und verzweifelten jungen Mann zu trösten. Sie erzählt ihm von den letzten Tagen seines Vaters. Er sei bei ihr gestorben, sich verzehrend vor Sehnsucht nach Rama, enttäuscht von der kaltherzigen Selbstsucht seiner Nebenfrau. Er habe sein Leben schon vor seinem Tod aufgegeben, immer wieder von dem Jagdunfall aus seiner Jugendzeit erzählt und geglaubt, dass sich nun die Weissagung des alten Priesters erfülle. Schließlich verlor er sein Augenlicht und dämmerte im Gram dem Tod entgegen. Er hatte jegliche Hoffnung verloren.

Tief erschüttert lauscht Bharata. Dann versiegen die Worte. Beide versinken in wortloser Trauer.

Bald scheint das erste Morgenlicht durch die Vorhänge. Bharata steht auf, drückt noch einmal stumm die Hände seiner Stiefmutter und begibt sich zum Friedhof. Dort steht eine riesige schweigende Menschenmenge beisammen. Auf einem hohen, geschmückten Scheiterhaufen liegt der Leichnam Dasharathas. Die Priester beginnen mit ihren monotonen Totengesängen. Die Klänger der großen Gongs verebben in der Weite. Die Flammen beginnen zu lodern, und die Seele Dasharathas findet ihren Weg zum Himmel.

Eigentlich sollten alle Bewohner von Ayudhya froh sein, dass ihr König seinen Frieden bei den Göttern gefunden hat. Aber sie trauern zusammen mit der Königsfamilie.

Am 13. Tag nach der Verbrennung des königlichen Leichnams

betritt der höchste Priester das Gemach Bharatas und bittet ihn, die Staatsgeschäfte zu besorgen: „Das Leben geht weiter. Jemand muss sich um das Wohl des Volkes kümmern, sonst kehren schnell Zwietracht und Not ein. Bharata, lass dich zum König krönen. Jeder weiß, dass du dich nicht nach diesem Amt gedrängt hast, aber jeder weiß auch, dass es besser für alle ist, wenn du König wirst." Bharata antwortet ihm ganz gelassen, doch ebenso bestimmt: „In unserem Geschlecht gilt das Gesetz, dass der älteste der Brüder zum König gekrönt wird. So hat es auch mein Vater bestimmt. Außerdem ist Rama der Geschickteste und Klügste von uns Vieren. Und zum Schluss möchte ich dir mein Hauptargument nennen: Ich liebe meinen Bruder sehr und werde nie etwas tun, was ihm zum Nachteil gereichen würde. Nimm dies als unumstößliche Tatsache hin und sprich nie mehr zu mir darüber!" Der Priester ist über diese Worte sehr erstaunt, aber insgeheim bewundert er die Lauterkeit des zweitältesten Sohnes und geht unverrichteter Dinge zum Tempel zurück, um dort für das Wohl des Reiches zu beten.

Am nächsten Tag steht ein Bote des Prinzen vor ihm und bittet ihn, zum Palast zu kommen. Dort empfängt ihn Bharata mit großer Freundlichkeit und weiht ihn in seine Pläne ein: „Du weißt, Rama muss König werden. Wenn ich mich alleine aufmache, um Rama aus dem Wald zu holen, wird mein Bruder nicht mitkommen. Dafür kenne ich ihn viel zu genau. Mir ist aber etwas anderes eingefallen. Ich werde ihn mit allen königlichen Ehren, mit allem königlichen Glanz ein prächtiges Willkommen in seinem Reich bereiten. Ich werde ihn mit einem riesigen Heer und mit allen Repräsentanten der Stadt abholen. Wenn er diesen Aufwand sieht, kann er einfach nicht mehr nein sagen." Der Priester stimmt frohen Herzens zu. „Aber wie willst du diese Menschenmenge in den Urwald bekommen? Das erscheint mir ganz unmöglich, mit den großen Wagen und mit dem ganzen Tross quer durch den Wald über Berg und Tal zu Rama zu gelangen", gibt er nach einigem Überlegen zu bedenken. Bharata lächelt geduldig: „Darüber habe ich mir natürlich auch schon meine Gedanken gemacht. Ich werde ein breite und feste Straße bauen lassen. So werden wir Rama sicher erreichen."

Bharata trifft Rama

Die Pläne Bharatas werden von allen Bürgern der Stadt jubelnd begrüßt, und sie sichern ihm ihre Mithilfe zu. Man versammelt die besten Vermesser und Straßenbauer, die fleißigsten und geschicktesten Handwerker, und der Adel und die reichen Bürger der Stadt stiften große Geldmengen, um das Wunderwerk der Technik entstehen zu lassen. Berge werden eingeebnet und Täler mit dem Erdreich gefüllt. Stück für Stück dringt der Fahrdamm weiter in den Dschungel vor, wird umsäumt von Herbergen und Wirtschaften, damit sich die Reisenden dort bei ihrer langen Reise stärken können. Das Bauwerk endet am heiligen Fluss Ganges, stellt also eine wichtige Verbindung zwischen dem Fluss mit seinen Handelsschiffen und der Stadt Ayudhya her.

Bharata sammelt nun ein großes Heer mit Elefanten und Prunkwagen, Reitern und Fußvolk und einem riesigen Tross.

Ein nicht enden wollender Zug verlässt unter dem lauten Jubel der Einwohner die Stadt. Jeder freut sich, dass Rama bald als König aus seiner Verbannung zurückkehren wird.

Nur langsam dringt das gewaltige Heer vor. Immer wieder müssen Proviant und Nachschub aus Ayudhya herbeigeschafft werden. Endlich ist es geschafft, mit einem Jubelruf werden die Soldaten des Ganges ansichtig. Das größte Stück des Weges ist überwunden. Nicht weit von hier muss sich Rama mit seinen Getreuen im Urwald aufhalten.

Da leuchtet in der Ferne ein Fahnenmeer auf, Waffen blitzen in der Sonne, lauter Hörnerschall erklingt. Eine große Streitmacht nähert sich dem eigenen Heer. Die Offiziere schreien ihre Befehle und lassen die Soldaten in Kampfformation Aufstellung nehmen. Die Entfernung zwischen beiden Armeen wird immer geringer. Sie marschieren geradewegs aufeinander los. Bharata weiß, dass er sein eigenes Land verlassen hat, aber er befindet sich doch in dem Gebiet seines besten Freundes. Ist aus dem Freund ein Feind geworden?

Er reitet zur Spitze seiner Truppen und lässt sie anhalten. Er wartet gespannt auf das, was kommen wird. Da löst sich aus der Menge der anderen ein kleiner Reitertrupp, nähert sich mit rasendem Galopp und hält ganz plötzlich vor der Gruppe um Bharata. Die beiden Anführer springen ab und stehen sich gegenüber, sich misstrauisch beäugend. Bharata ergreift endlich die Initiative, lächelt und verneigt sich zum Gruß. Der König lächelt zurück, zaghaft zuerst, dann wechseln die ersten Worte, abwägend zuerst, dann lustig und scherzhaft wie früher. Das Eis des Misstrauens schmilzt dahin wie Schnee im Frühling. Beide Männer liegen sich in den Armen. Dann die immer noch etwas zögernd vorgebrachte Frage: „Bharata, warum bist du mit deinem ganzen Heer ausgezogen? Willst du etwa meinen Freund Rama gefangen nehmen und töten?"

Der so Gefragte lacht: „Sei unbesorgt. Jeder in Ayudhya und im ganzen Heer weiß, dass ich Rama zurückholen will, damit er König wird."

„Mir fällt ein Stein vom Herzen. Die Gerüchte, die man sich überall bei uns über dich als neuen König erzählt, sind also unwahr."

„Bei meiner Ehre, nichts davon ist wahr. Nur Rama ist der rechtmäßige König. Er ist der älteste von uns Vieren, tüchtig und überall beliebt", antwortet Bharata.

Die Männer lassen sich nieder. Die Armeen, froh über den vermiedenen Waffengang, legen eine ausgiebige Rast ein. Die Soldaten gehen auf einander zu, lachen und scherzen. Die beiden Heerführer versprechen, sich gegenseitig zu helfen. Bharata erklärt seinem Freund, dass die große Straße vom Ganges nach Ayudhya für beide Seiten nur Vorteile bringen wird. Ayudhya wird seinen Handel ausdehnen, und die Bewohner des Gangestales werden ihren Reichtum durch das Laden und Löschen der Handelsschiffe vermehren. Große Lagerhallen werden zusätzlich nötig sein. Außerdem braucht man neue Möglichkeiten, um den Durchreisenden Unterkunft und Verpflegung zu beschaffen.

Nach diesen Gesprächen bittet Bharata seinen Freund, ihm bei der Suche nach Rama zu helfen. Der willigt gerne ein: „Meine Leute kennen das Gebiet hier ganz genau. Wir werden euch sicher durch das sumpfige Gelände zu deinem Bruder bringen."

Mittlerweile ist es Abend geworden. Die Heere, welche sich jetzt freundschaftlich vereinigt haben, schlagen ihr Lager auf.

Der gastgebende Freund zeigt nun Bharata die Stelle, wo Rama und Sita ihre erste Nacht in seinem Land verbracht haben.

„Hier will ich auch schlafen. Ich werde mich meiner Prinzentracht entledigen und ein Bußgewand anlegen, solange ich meinen Bruder Rama nicht in meinen Armen halten kann“, meint Bharata und legt sich zufrieden über den so gut verlaufenen Tag zur Ruhe. Die Soldatenlieder seiner Freunde am Lagerfeuer und der Gedanke, seinem Ziel so nahe zu sein, lassen ihn sanft in den Schlaf gleiten.

Bei Tagesanbruch blasen am nächsten Morgen die Trompeten zum Aufbruch. Der Marsch ist lang, und schwerfällig rumpeln die schwer beladenen Wagen durch das unzugängliche Gelände, sinken immer wieder im Schlamm ein. Aber mit vereinten Kräften kommt man doch stetig voran, wenn auch nur sehr langsam. Jeder ist wirklich froh, als man gegen Abend das vorgenommene Ziel, eine Einsiedelei erreicht. Die Ankömmlinge sind so müde, dass sie wie tot zu Boden fallen und schlafen, derweil der Eremit zwischen ihnen hin und her wandert, ihren Schlaf beschützt, der sie in schönen Träumen wiegt. Nach der erquickenden Ruhe und einem guten Frühstück geht es weiter. Heute noch werden sie Rama treffen. Diese Vorstellung beflügelt alle im Heer und spornt sie zu neuen Anstrengungen an. Vor ihren Augen ragt der Berg Chitrakuta steil empor und zieht sie magisch an. An den Hängen dieses majestätischen Vulkans sollen die Hütten Ramas stehen. Alle Mühsal des Marsches, alle Hitze, Hunger und Durst schwinden dahin. Das Ziel greifbar vor sich, denkt keiner mehr daran, zu klagen und zu stöhnen.

Jeder setzt seine letzten Kräfte ein, und der gewaltige Zug windet sich unaufhörlich weiter. Bald werden sie erreicht haben, wofür sie so lange gearbeitet und gelitten haben. Obwohl die schwere Erde an den Füßen zieht, marschieren sie weiter.

Sie haben den Fuß des Chitrakuta erreicht. Der Weg wird steil. Immer wieder müssen die Zugtiere verschnaufen.

Sind das nicht schon die einfachen Hütten? Noch nicht. Verfallene Dächer eines Unterstandes haben sie getäuscht. Weiter geht der Zug, unaufhörlich weiter, weiter.

Plötzlich ein lauter Schrei. Späher haben Rauch entdeckt. Aus dem Nachbarwäldchen steigt eine dünne Rauchsäule auf. „Wir haben sie!“, rufen die Späher wie aus einem Munde. Alle schauen in eine Richtung und sehen den Rauch. „Gefunden!“, jubeln die Soldaten und wollen am liebsten sofort losrennen. Bharata jedoch befiehlt eine Rast. Murrend vor Ungeduld lassen sich die Männer so dicht vor dem Ziel nieder. Bharata lässt sich nicht beeindrucken, ruft zwei Priester herbei und macht sich mit ihnen und seinem Bruder Shatrughna auf den Weg zu Rama.

Dieser hat auf einem Felsblock Platz genommen und genießt die herrliche Umgebung. Vor ihm ragt stolz der Bergkegel des Chitrakuta auf. Hier ist die Luft rein und frisch. Aus dem Wald murmelt ein Bach, und in seinem klaren Wasser huschen muntere Fische. Rama lacht seinem Bruder Lakshmana zu: „Eine solche herrliche Umgebung konnten wir in Ayudhya nicht genießen. Aber Halt! Was ist das für ein Lärmen?“

Lakshmana hört auch Ungewohntes. Behände klettert er auf einen hohen Baum und schaut in die Weite. Jetzt hat er etwas entdeckt: Ein riesiges Heer. Er sieht das Gewimmel unzähliger Soldaten. Dann erblickt er die Fahnen vor dem Königszelt, schaut genau hin und erkennt die Farben von Ayudhya. Einem Eichhörnchen gleich saust er am gewaltigen Stamm des Baumes nach unten, stürzt zu Rama und berichtet: „Bharata ist mit einem gewaltigen Heer hier. Bestimmt will er dich töten. Weil er weiß, dass du so stark bist, hat er alle seine Soldaten mitgenommen. Dieser Schurke hat dir die Königswürde weggenommen, dich in die Verbannung geschickt, und nun werden wir ihm einen heißen Empfang bereiten. Seine Mutter Kaikeyi soll sich über seinen Tod die Augen ausweinen. Auf diesen Kampf habe ich mich schon so lange gefreut, seit ich hier bin.“

Rama entgegnet ihm ganz ruhig: „Woher weißt du eigentlich, dass Bharata mich töten will? Vielleicht ist er nur hier, um nach mir zu schauen und sich mit mir zu versöhnen? Soll ich meinen eigenen Bruder töten und dann als Brudermörder später auf dem Königsthron sitzen. Glaubst du, das ist den Göttern wohlgefällig? Schweig! Ehe wir kämpfen, müssen wir erst abwarten. Lasst uns zuerst das Feuer löschen. Dann gehen wir in unsere Hütte und entscheiden später, was zu tun ist.“

Die beiden Männer löschen das Feuer und machen sich auf den Weg zur Hütte. Dort ist Sita bei ihrer Arbeit. Sie setzen sich gemeinsam neben den Hausaltar und lauschen. Nach kurzer Zeit hören sie Schritte und Männerstimmen. Es klopft an ihrer armseligen Brettertüre. Sie öffnet sich und herein tritt ein Mann mit bleichem Gesicht im Bußgewand: Bharata. Sita schreit auf, als sie ihren verhärmten Schwager sieht. Die beiden Brüder schauen sich erwartungsvoll an. Kaum hat Bharata seinen abgemagerten Bruder in dieser armseligen Umgebung gesehen, fällt er vor Entsetzen zu Boden. Seine drei anderen Brüder stürzen herzu. Sie sehen den Ohnmächtigen und versuchen, ihn wieder zu Bewusstsein zu bringen. Es gelingt, und alle vier Brüder liegen sich in den Armen. Vergessen sind Misstrauen und Zorn. Es ist wie früher. Dazu braucht es keine Frage. Das Gefühl, zusammen zu gehören, macht sie froh. Endlich unterbricht Rama die Stille: „Was macht Vater? Warum ist er nicht mitgekommen?" Als Bharata ihm behutsam näher bringt, dass Dasharatha aus Gram und vor Sehnsucht nach ihm gestorben ist, ringt Rama vor Schrecken und Trauer nach Atem.

„Jetzt kannst du doch König sein", bricht es nach einer ganzen Zeit mit tonloser Stimme aus Rama heraus.

Bharata schüttelt den Kopf: „Ich werde nie König von Ayudhya sein." Man schweigt. Schließlich ist es Sita, die zuerst die Fassung wiedergewinnt: „Wollt ihr hier nur stumm herumsitzen, während das Heer euch sehnlichst erwartet?" Sita hat natürlich recht. Die vier haben alles um sich herum vergessen. Nun springen sie auf und laufen zu den Soldaten. Wieviel alte Bekannte von Rama sind darunter. Immer wieder liegen sich die Männer in den Armen. Für einen Augenblick vergessen alle, dass man sich in der Fremde im Urwald befindet. Auf einem freien Platz am Lagerfeuer kommt allen dann wieder das ganze Elend ins Bewusstsein: Wie bleich und arm sehen die ehemals so prächtigen Brüder aus. Und gar manch harter Krieger wischt verschämt Tränen des Mitleids aus seinen Augen. Dann gibt es Essen. Aus Ayudhya haben die Köche herrliche Leckereien mitgebracht und zaubern daraus ein köstliches Mahl. Man sitzt noch lange dort, und überall stimmen die Soldaten ihre Lieder an, Instrumente erklingen dazu. Man erzählt Geschichten aus alten Zeiten. Die Stunden vergehen im Flug, bis endlich die Männer ihren Schlaf in den Zelten und Hütten finden.

Am nächsten Morgen erhebt sich Bharata, geht zu Rama und hält eine feierliche Rede: „Mein lieber Bruder. Was meinst du, warum ich mit einem solch großen Heer zu dir in den Dschungel gekommen bin? Ich möchte dir, lieber Rama, jetzt ganz offiziell mitteilen, dass alle Bürger der Stadt Ayudhya mich in meinem Anliegen unterstützen, dich mit aller Pracht als König zurück zu holen. Den Göttern sei es geklagt: Unser Vater ist tot. Wenn du jetzt König wirst, kannst du frei vom Eid deines Vaters entscheiden, ohne ihn durch Eidbruch zu entehren; denn der Schwur, den er getan, galt nur, so lange er lebte." Alle Umstehenden sind von ihren Plätzen aufgesprungen und applaudieren laut. Zurufe aus der Menge erschallen. Jetzt bittet Rama mit einem Wink um Ruhe: „Ich bin über eure Absicht, mich zum König zu machen, sehr gerührt. Aber ich erkläre hiermit, dass ich es war, der damals feierlich geschworen hat, den Worten meines Vaters zu folgen und in die Verbannung zu gehen. Bei meiner Entscheidung geht es nicht mehr um den Eid meines Vaters, sondern um meinen eigenen, und ich bin nicht willens, ihn zu brechen." Lähmendes Entsetzen macht sich breit, dann aber bestürmen ihn Sita, die Brüder und sein ganzes Heer mit der Bitte, heim zu kehren.

Vergeblich. Rama bittet für seine Entscheidung um Verständnis: „Es geht hier auf Erden um meine eigene Ehre, und wenn ich einst bei den Göttern weilen werde, möchte ich nicht als Meineidiger vor ihnen stehen." Alle merken, wie ernst es Rama mit seinem Entschluss ist, und wagen nicht mehr, ihn davon abzubringen.

Schweigen breitet sich im ganzen Heer aus. Man merkt, dass alle Anstrengungen und Mühen umsonst gewesen sind. Als der Abend hereinbricht, erklingen keine Lieder und Scherzrufe. Die Soldaten kriechen schon sehr früh in ihre Zelte, und bedrückende Stille lastet über dem Lager.

Sita weint leise unbemerkt vor sich hin. Sie weiß, dass sie noch lange Jahre in dieser Wildnis zubringen wird.

Ein wichtiges Gespräch unter Brüdern

Den nächsten Tag will man noch zum Ausruhen im Wald benutzen, ehe es wieder auf die lange Heimreise geht. Die wird beschwerlicher werden als die Reise hierher. Den ersten Marsch spornten Hoffnung und Zuversicht an. Beim Rückzug wird Enttäuschung die Heimkehrer begleiten und sie mit Gedanken plagen, die wie eine Schar hungriger Raben auf sie herabfallen werden.

Rama hat Bharata zu einem Gespräch unter vier Augen gebeten. Die beiden Männer lassen sich auf einem umgefallenen Baumstamm in der Nähe der Hütte nieder. Während die anderen sich um Feuer und Mahlzeit kümmern, können die beiden ungestört miteinander reden.

Rama ergreift zuerst das Wort: „Morgen werden sich unsere Wege für lange Zeit trennen. Ich mache mir Sorgen um Ayudhya. Alle erwarten, dass ich die Regierung meines Vaters in seinem Sinne fortsetze. Er hat Segen in das Land gebracht, aus der Hauptstadt eine Quelle des Reichtums und zugleich auch des Friedens gemacht. Bevor unser Vater mir die Königskrone aufsetzen wollte, hat er lange mit mir gesprochen. Das Gleiche will ich auch mit dir tun, mein Bruder."

Bharata hebt abweisend die Hände. Er weiß, dass jede Bitte, Rama doch noch zur Rückkehr zu bewegen, vergeblich ist. So schweigt er resigniert und lässt seinen Bruder reden. Der beginnt: „Ich weiß, wie edel und weise du als Mensch bist. Du gehorchst in Verehrung den Göttern, den Eltern, den Ältesten, den Gelehrten und den Brahmanen-Priestern. Du verschenkst von deinem Reichtum, ohne Dank und Vorteil zu erwarten. Du hast ein gutes Herz für die Armen und Schwachen. Du teilst deine Zeit zwischen Pflicht, Geschäften und zulässiger Unterhaltung und Erholung. Du meidest den Müßiggang und beherrschst deine Sinne. Aber das alles reicht nicht aus, um ein Land zu regieren. So werde ich dir die Richtlinien für eine große Politik, die mich unser Vater gelehrt hat, weitergeben: Umgib dich mit vertrauenswürdigen und weisen Beratern und denke daran, dass du mit ihrer Hilfe größere Übersicht behältst. Alle wichtigen Fragen bedenke zuerst alleine, dann berate dich mit den anderen in der Öffentlichkeit. Bist du zu einem Beschluss gekommen, so verwirkliche ihn, so schnell du nur eben kannst. Verlange nicht zu hohe Steuern. Man würde dich dafür hassen. Gib jedem seinen gerechten Lohn; denn unzufriedene Arbeiter sind eine Quelle der Gefahr. Sorge dafür, dass deine Richter unbestechlich sind und nicht nach Ansehen der Person Recht sprechen. Schwöre den 15 Fehlern eines Herrschers ab, als da sind: Gottlosigkeit, Verstellung, Zorn, Unaufmerksamkeit, Unentschlossenheit, Vernachlässigung des Weisen, Unverschämtheit, Begier der Sinne nach dem Äußerlichen, Missachtung der Räte, Einholen bösen Rats, das Beschlossene verzögern, empfangenen Rat verschweigen, gerechten Wandel aufgeben, ungleichen Respekt Hoch- und Niedergeborenen zollen, sowie rohe Eroberung anderer Länder. Schätze die Taten des Wohlwollens, der Pflicht, des Gottesdienstes. Sie sind Quellen des Ruhms und des glücklichen Lebens."

Rama gibt noch mehr seiner Einsichten über das gute Königtum an den Bruder weiter und verfällt dann in Schweigen. Schließlich erhebt sich Bharata mit Seufzen. Er ist überwältigt vom Wissen seines Bruders und empfindet es immer mehr als Unrecht, dass er statt seiner regieren soll.

Ein guter Kompromiss

Voller Verzweiflung fällt Bharata vor Rama auf den Boden und fleht ihn an, doch die Königskrone anzunehmen. Vergeblich. Ramas Wille ist unumstößlich.

Plötzlich blüht ein Lächeln in Bharatas Gesicht auf; er beginnt zu strahlen, wendet sich an Rama, bittet ihn noch ein wenig hier zu warten und verschwindet im dichten Gebüsch. Rama hört noch das Knacken der Zweige unter dem Gewicht der schweren Männerschuhe. Was mag sein Bruder nur wollen? Nichts geschieht. Aber was bleibt ihm anderes übrig, als geduldig zu warten? Mit einem Mal werden die Zweige auseinander gedrängt, und Bharata steht mit einem verschmitzten Gesicht vor ihm. Warum hat Bharata nur seine Hände hinter dem Rücken versteckt? Er stellt sich vor ihm auf und holt die goldenen Sandalen eines Königs hervor. Ehe Rama nur irgendwie reagieren kann, beginnt Bharata zu reden: „Diese Sandalen gehören zum königlichen Ornat, das ich mitgebracht habe, damit du als König in Ayudhya einziehen kannst. Dazu kommt es leider nicht, aber ich darf dich bitten, nur ganz kurz diese Sandalen anzuziehen."

„Du willst mich hereinlegen. Ich kenne dich", meint Rama. Schließlich glaubt er den Beteuerungen seines Bruders und schlüpft mit seinen Füßen, wenn auch noch etwas misstrauisch, kurz hinein. „Bravo!", ruft auf einmal Bharata: „Weißt du, was ich jetzt mache? Wenn du schon nicht auf den Thron willst, so kann ich nun wenigstens diese Sandalen darauf stellen, damit jeder sehen kann, wer der eigentliche König ist, den ich während der vierzehn Jahre nur vertrete." Nun fängt auch Rama an zu strahlen, die Freude geht wie ein Blitzschlag auf das ganze Heer über, und alle loben Bharatas Weisheit.

Nach der Trauer ist wieder Freude eingekehrt. Die Soldaten singen und trinken, die Frauen schwatzen und lachen, und selbst die Vögel im Wald lassen übermütig ihre Abendmelodien erschallen. Als dann der Vollmond über dem Waldrand erscheint, schaut er mit Wohlwollen auf die friedlichen Menschen, die da unten von süßen Träumen umhüllt dem neuen Tag entgegen schlafen.

Der Morgen kullert mit Lärm und Rufen der Tiere des Waldes in das Lager hinein, man springt auf und macht sich reisefertig.

Beim Abschied werden die Brüder noch einmal sehr ernst. Sie wissen, große Aufgaben in Ayudhya und in der Fremde liegen vor ihnen.

Rama bittet eindringlich, für das Wohl aller drei Witwen Dasharathas zu sorgen. Die Königssöhne bitten die Götter um Hilfe und trennen sich mit der jugendlichen Zuversicht, dass sie ihre Zukunft meistern werden.

Die Bewohner von Ayudhya sind beim Herannahen des Zuges ohne Rama zunächst enttäuscht. Als man aber die Sandalen Ramas auf dem Thron sieht und Bharatas Bescheidenheit und Führungsqualitäten erkennt, überträgt sich die hoffnungsvolle Stimmung auf alle im Lande.

Buch III
DAS LEBEN IM WALD

Hanuman

Bei den Einsiedlern

Die kleine Gruppe um Rama bleibt im Wald zurück. Hier stehen die bescheidenen Hütten, hier lagert der Proviant, den das Heer für sie hinterlassen hat. Man ist wieder unter sich. Voller Wehmut denken die Zurückgebliebenen an ihre Lieben in Ayudhya und an ihre eigene selbst gewählte Verbannung.

Dann steht eines Morgens ein Neuankömmling in der Mitte des kleinen Platzes und wartet schüchtern auf Rama. Als dieser ihn anspricht, bittet er ihn verlegen um Rat im Streit mit dem Nachbarn. Rama zeigt ihm eine gute Lösung auf. Der Mann ist froh und eilt von dannen, nicht ohne eine Dankesgabe hinterlassen zu haben. Am nächsten Morgen stehen weitere Ratsuchende im Lager und bringen ihre Bitten vor. Auch sie bringen ihre Geschenke.

Von Tag zu Tag erscheinen nun mehr Bittsteller. Es hat sich überall herumgesprochen, dass Rama mit den Seinen hier im Walde lebt. Als eines Tages sogar Bewohner aus Ayudhya erscheinen, nur um Rama und seine Familie zu begrüßen und zu beschenken, steht der Entschluss zum Weiterziehen schnell fest.

„Wenn wir noch lange hier bleiben, wird das ein Wallfahrtsort und hat nichts mehr mit der Einsamkeit einer Verbannung gemein. Lasst uns tiefer in den Wald ziehen!“, schlägt Rama vor.

So macht sich die kleine Schar am frühen Morgen erneut auf den Weg und nimmt neue Mühsal auf sich. Die drei quälen sich durch das Urwalddickicht, überqueren reißende Bäche, stapfen durch morastigen Boden. Endlich hören sie das Rauschen eines Flusses. Sie gehen darauf zu und bleibt mit einem Ruf des Erstaunens stehen. Vor ihren Augen glänzt der Fluss im Sonnenschein. Die Uferränder erglühen im Rot Tausender Lotosblüten, die sich sanft im Wasser wiegen. Bunte Papageien und Pfaue sitzen in den tief hängenden Zweigen der Bäume, und Raubvögel schweben dicht über dem Wasser. In der Ferne ragt majestätisch ein riesiger Vulkan gegen den blauen Himmel. Die Bäume sind beladen mit Früchten, und Rehe nähern sich ohne Scheu. „Hier ist es wie im Paradies. Die Einsiedler, welche uns diesen Platz zum Bleiben vorschlugen, haben Recht, ihnen sei Dank.“

Die Wanderer werfen ihre mitgeschleppten Bündel erleichtert ab und beginnen unverzüglich damit, eine Feuerstelle anzulegen und ein schützendes Dach zu bauen. Als die Männer fertig sind, köchelt schon eine leckere Suppe über dem Feuer, und alle machen sich hungrig über das Essen her. Bald ist Nacht, und mit sich und der Welt zufrieden sinken die Reisenden in tiefen Schlaf.

Die nächsten Tage bringen sehr viel Arbeit mit sich. Der Winter steht nämlich vor der Tür. Man muss sich eiligst eine warme Unterkunft bauen und Essenvorräte anlegen. Lakshmana schleppt Lehm, Baumfasern und Stämme herbei, und Tag für Tag wachsen die Wände zu einem richtigen Haus empor, das zwar einfach, aber so solide gebaut ist, dass es dem Winter trotzen kann. Zum Schluss bedeckt ein dickes Dach aus Palmfasern und Schilf das kleine Gebäude. Nachdem noch der Fußboden geglättet und gesäubert ist, halten Sita und Rama Einzug. Sie feiern gemeinsam ein Fest zur Hauseinweihung und betrachten voll Stolz die von Rama angelegten Vorräte, die ihnen ein sicheres Überstehen des Winters ermöglichen werden.

Eines Morgens weckt Rama die Schläfer von ihren Lagern auf, weist mit seinem Arm in die Ferne. Die Schlaftrunkenen folgen mit ihren Blicken der Richtung des Armes. „Was ist geschehen?“ fragen sie wie aus einem Munde und schauen staunend auf die wunderbare Erscheinung am Horizont. Der große Vulkan erstrahlt im blendenden Weiß und drängt sich wie ein Lichtkeil in den Himmel. „In der großen Höhe ist der erste Schnee gefallen“, erklärt Rama, „jetzt dauert es nicht mehr lange, bis auch hier alles weiß ist.“

„Ich kann es kaum abwarten“, meint Lakshmana, der noch nie Schnee gesehen hat, denn in der tief gelegenen tropischen Stadt Ayudhya gibt es weder Frost noch Eis.

Nach einigen Wochen ist es endlich so weit. Es schneit. Eine dicke weiße Decke legt sich sanft auf die Natur. Lakshmana eilt jubelnd aus dem Haus, wälzt sich in dem weichen Weiß und formt Schneebälle. Außer sich vor Freude beginnt er zu dichten und preist die reine Klarheit des Winters. Für ihn ist der Schnee ein Symbol der sündenlosen Seele, die sich nach den Opfern der herbstlichen Erntegaben von jedem Makel befreit hat.

Bald merkt er indessen, dass mit dem Winter auch unangenehme Seiten verbunden sind. Er spürt seine Kälte und Nässe. Zudem beginnt der Fluss, zuzufrieren, und er kann nicht mehr in ihm baden. Dennoch verlebt man in dem kleinen Haus eine stille und friedliche Zeit, bis nach etlichen Wochen ein warmer Wind den Schnee zum Schmelzen bringt. Der Frühling ist da. Die Natur erwacht zu neuem Leben. Rama und Lakshmana können wieder den ganzen Tag draußen bei angenehmen Temperaturen ihrer Arbeit nachgehen.

Ein unangenehmer Besuch

So ist es auch an diesem Tag. Die beiden Brüder bessern die Zäune aus, die ihren kleinen Garten vor wilden Tieren schützen. Plötzlich werden sie aufgeschreckt und halten in ihrer Arbeit inne: Ein riesiges fettes Weib nähert sich ihnen. Mit trüben Triefaugen glotzt es vor sich hin und watschelt daher wie eine Gans. Es ist so schmutzig, dass ein entsetzlicher Gestank von ihm ausgeht. Mit tiefer, trockener Stimme wirbt es um Rama mit einer solch derben Sprache, dass man dessen Inhalt an dieser Stelle nicht wiedergeben kann. Der Koloss nähert sich ihm und bläst ihm leidenschaftlich ins Gesicht. Dabei rollt er vor Verlangen seine dicken Glotzaugen und lässt seine Zunge über die wulstigen, aufgesprungenen Lippen hängen.

Rama springt zurück: „Halt! Stille nicht voreilig deine Leidenschaft mit mir. Schau meinen Bruder Lakshmana. Er ist jünger als ich und hat noch nie die Liebe einer Frau verspürt!"

Die Alte wendet sich voll Gier Lakshmana zu und will ihre fetten Arme um ihn legen.

„Halt ein, du schöne Frau!", spottet der, „Ich bin doch nur der Sklave meines Bruders, willst du dich mit dem Niedrigen zufrieden geben, wenn du das Höchste erreichen kannst?"

Die geile Frau hält inne, dann zeigt sie auf Sita: „Und wer ist diese flache, hässliche Vogelscheuche?"

„Das ist meine Frau Sita", gibt Rama zur Antwort.

„Dann bist du der berühmte Held Rama. Ich hatte es schon vermutet."

Rama nickt: „Und wenn wir schon dabei sind uns vorzustellen, sag uns ehrlich, wer du bist."

„Ich bin die Schwester Rahwanas. Tagsüber trabe ich durch den Wald und fresse alle Lebewesen. Am besten schmecken mir Eremiten. Ich glaube, Sita wäre auch eine gute Mahlzeit für mich. Ich will sie gleich verschmausen, Rama. Danach könnten wir beide uns ganz ungestört dem Genuss der Liebe hingeben. Dabei werde ich eine junge Mädchengestalt annehmen und so hinreißend schön und leidenschaftlich sein, dass du mich nie mehr wieder vergessen wirst. Unser Vergnügen wird himmlisch sein."

„Das reicht mir", hält ihr Rama ärgerlich entgegen, „wie kannst du nur im Beisein meiner Frau so etwas reden?"

Die grässliche Alte lacht hämisch: „Deine Sita kannst du in meinem Bauch besuchen." Und stürzt sich mit aufgerissenem Maul auf Sita, um sie zu verschlingen.

Rama hält seinen Arm dazwischen und verhindert, dass Sita etwas Böses geschieht. Er wendet sich an Lakshmana: „So jetzt ist die Reihe an dir. Aber schlage sie nicht tot. Sie ist immer noch eine Frau."

Lakshmana reißt sein Schwert aus der Scheide, und ehe sich die Hexe versehen kann, hat er ihr Nasenspitze und Ohren abgeschlagen. Über und über mit Blut bespritzt rast die Schwester Rahwanas ohrenbetäubend kreischend davon.

Rama wendet sich seiner Sita zu, umarmt sie und versucht, sie nach dem schrecklichen Erlebnis zu beruhigen. Es dauert einige Zeit, bis es ihm gelingt. Alle drei wissen von jetzt ab: Die ruhige und idyllische Einsamkeit wird vorbei sein. Ab heute gilt es, vor Überfällen auf der Hut zu sein.

Sie brauchen nicht lange zu warten. Der Abendhimmel verdunkelt sich plötzlich. Grauschwarze Wolken ziehen auf, türmen sich hoch, wabern und wälzen sich wie bei einem Unwetter. Fürchterliche Blitze zucken hernieder, Donnerschläge lassen den Wald erzittern. Ein entsetzlicher Gestank verbreitet sich. Tausendfältiges Heulen von Dämonenstimmen erfüllt die Luft. Rama zieht Sita schnell in seine Hütte und bittet Lakshmana zu wachen. Er eilt nach draußen, hebt seinen Bogen und schießt seine Pfeile. Ein gewaltiges Grollen und Schreien erhebt sich. Die getroffenen Dämonen poltern tot zu Boden. Dann ist Stille. Vorsichtig öffnet Lakshmana die Tür nach draußen. Er sieht Rama vom Kampf erschöpft auf einem Baumstumpf sitzen. Sita stürzt herbei, wischt ihm den Schweiß von der Stirn, setzt sich neben ihn und lächelt ihn so liebevoll an, dass er alle Anstrengung im Nu vergessen hat.

„Da hat sich unsere verletzte Freundin aber beeilt", lacht Rama, „Das waren Dämonen von Rahwanas Bruder, die dieser auf Geheiß seiner ekeligen Schwester geschickt hat. Ich glaube, für heute haben wir Ruhe. Gehen wir früh schlafen, wer weiß, was der nächste Tag uns bringen wird."

Rama soll Recht behalten. Der nächste Tag ist angefüllt mit Kampf. Zuerst bricht das Heer der restlichen Dämonen wie ein Wirbelsturm herein. Rama schickt Sita diesmal mit Lakshmana in eine sichere Höhle. Ramas Bogen kommt nicht zur Ruhe. Feind für Feind trifft er mit ruhiger Hand und schickt ihn tot zu Boden. Schließlich naht der Bruder selbst in seiner riesigen Gestalt mit Zorngebrüll so laut, dass die Felsen zu beben anfangen. Aber Rama lässt sich nicht einschüchtern und tötet auch ihn. Nur die garstige Alte hat sich nicht am Kampf beteiligt und sich hinter einem mächtigen Fels versteckt. Als alles vorbei ist, hören die drei ihre schleifenden Schritte davon eilen.

Bei Rahwana

Die so schrecklich von Lakshmana verletzte Alte schwört blutige Rache. Sie ist verstümmelt und ihr Bruder getötet. Kreischend vor Wut rast sie zum Schloss ihres anderen Bruders Rahwana nach Lanka. Sie trifft alles so an, wie sie es sich bereits unterwegs vorgestellt hat. Rahwana hat sich völlig dem sexuellen Genuss hingegeben. Er liegt in den Armen der schönsten Mädchen aller Länder und lässt sich verwöhnen. Bebend vor Wut schreit ihn seine Schwester an, nachdem sie sich brutal zu ihm durchgedrängt hat: „Hier finde ich dich also, mein Bruder. Nur beschäftigt mit deinen Weibern. Weißt du nicht, dass dein Bruder tot ist und schau mich an! Ist dir überhaupt aufgefallen, wie entstellt ich bin? Nein, das ist dir alles vollkommen gleich. Hauptsache, du hast deine Weiber! Alles andere hast du vergessen. Schämst du dich nicht? In deinem Reich geht es drunter und drüber. Rama ist dabei, es zu erobern, und du liegst hier und amüsierst dich. Pfui! Werde endlich wach und tu etwas!"

Wie eine Furie stampft sie auf den Boden, tritt auf und über die sich auf den Teppichen vor Wollust windenden Schönen, ergreift den Bruder mit eisernem Griff und reißt ihn mit sich fort.

Selbst Rahwana hat einen solchen Wutausbruch noch nie erlebt. Er versucht, seine tobende Schwester zu beruhigen. Sie zetert und schreit so lange herum, bis er ihr verspricht, sich um Rama und die beiden anderen Eindringlinge zu kümmern. Noch immer wutschnaubend zieht sie endlich davon.

Er seufzt erleichtert auf und muss doch, wenn auch nur recht zögernd, gestehen, dass seine Schwester Recht hat.

Er ruft seine Ratgeber zusammen und teilt ihnen mit, dass er gegen Rama kämpfen will. Gemeinsam überlegen sie nun die Einzelheiten eines Schlachtplans.

Am nächsten Morgen schickt man Boten überall im Reich herum, die gegen hohen Lohn ein Heer von Freiwilligen rekrutieren. Von überall her strömen die vom Geld angelockten Männer herbei, und bald steht ein mächtiges Heer angriffsbereit. Die Lüfte sind erfüllt vom Geheul der Dämonen, die über dem Heer zur Unterstützung ihre Bahnen ziehen.

Rahwana ist mit dem Ergebnis seiner Vorbereitungen recht zufrieden und schaut siegessicher von seiner Schlossmauer auf die Masse der Bewaffneten.

In die Ruhe seiner Zuversicht bricht erneut seine Schwester ein, die sich mit ihrer Leibesfülle mühsam die Treppe zu ihm hinauf wuchtet. „Bist du von Sinnen?“, schreit sie ihn an. „Willst du etwa gegen Rama kämpfen? Glaubst du, du bist besser im Kampf als dein Bruder? Dass ich nicht lache. Renne in deinen Tod, du Tölpel. Rama freut sich schon darauf, dir den Garaus zu machen. Deine Weiber haben dir nicht nur deine Kraft, sondern auch deinen Verstand geraubt. Bravo! Bravo! Muss ich mich denn um alles kümmern?“

Rahwana macht ein verzweifeltes Gesicht und zuckt ratlos mit den Schultern: „Jetzt habe ich wirklich alles getan, was ich kann, und noch immer schreist du mich an. Was soll ich denn noch tun?“

Seine Worte klingen so ehrlich und niedergeschlagen, dass selbst seine Schwester etwas milder gestimmt wird: „Komm mit mir, ich werde dir sagen, was du unternehmen musst, um Rama ein für alle Mal los zu werden.“

Rahwana folgt ihr gedrückt und niedergeschlagen in das Beratungszimmer. Jetzt wundert er sich aufs Neue, als er ihre Stimme hört, die ihn weich und verführerisch umschmeichelt „Mein lieber Bruder. Ich habe eine sehr gute Nachricht für dich. Ich habe eine junge Frau gesehen. Sie ist unbeschreiblich schön, sanft wie ein Windhauch, strahlend wie der Mondschein. Sie hat einen vollkommenen Leib, der in seiner ganzen Weiblichkeit erblüht ist. Rahwana, wenn du einmal in ihre sehnsuchtsvollen, großen Augen geschaut hast, wirst du alle deine Weiber vergessen. Ich spreche von Sita. Mache sie dir zu eigen, und du wirst mit ihr alle Wonnen der Liebe durchkosten, und zugleich wirst du damit ihren Mann Rama vernichten, ohne gegen ihn kämpfen zu müssen."

Rahwana ist begeistert und kaum noch zu halten. Mag seine Schwester noch so hässlich und missgelaunt sein, sie erscheint ihm jetzt wie eine gute Fee, als sie rät: „Schick dein Heer nach Hause und geh zu deinem Freund und Berater Maricha. Er kennt sich in allen Listen und Bosheiten aus und wird dir helfen, deinen Plan auszuführen."

Rahwana schickt seine Soldaten nach Hause, nicht ohne ihnen einen angemessenen Lohn auszuzahlen, denn vielleicht würde man sie zu einer anderen Zeit einmal brauchen können, und macht sich am anderen Tag auf den Weg zu Maricha.

Dieser empfängt ihn in aller Freundschaft. Als er die Absichten seines Königs erfährt, rät er ihm dringend davon ab: „Wenn du Sita zu dir holst, wird Rama sein Leben lang versuchen, seine Gattin zurückzuholen und dich dabei zu töten. Ich gebe dir den guten Rat: Lass Sita in Ruhe!"

Doch Rama ist so von seiner Gier nach Sita besessen, dass er alle Warnungen seines Freundes in den Wind schlägt. Maricha sieht, dass er nichts mehr daran ändern kann, und gibt nach. Beide Männer stecken ihre Köpfe zusammen und hecken einen wirklich teuflischen Plan aus.

Sita verliebt sich in eine Gazelle

Von diesen bösen Plänen wissen die drei Einsiedler natürlich nichts. Sie genießen die Kampfpause, erfreuen sich an ihrer schönen Umgebung und hoffen, dass der Streit nun ein für alle mal ein Ende hat. So gehen die Tage friedvoll dahin, und die kleine Familie ist schon dabei, die Untaten der Verwandtschaft Rahwanas zu vergessen.

Eines Morgens schaut Sita aus dem Fenster ihrer Hütte und freut sich über den schönen neuen Tag. Die Vögel trillern ihre lustigen Lieder, die Frühlingsblumen stehen im Garten in voller Blüte, und Sita denkt voll Dankbarkeit an die Götter, die sie bisher auf so wunderbare Weise beschützt haben.

Plötzlich entdeckt sie einen hellen Fleck hinter einem dichten Busch. Sie ist sich sicher, dass er gestern noch nicht dort war. Verwundert ruft sie ihren Mann und zeigt nach draußen. Er schaut in die gleiche Richtung, gewahrt auch das helle Schimmern und kann es sich ebensowenig erklären.

Gerade will er nach draußen gehen, um nachzuschauen, da hält ihn Sita am Ärmel fest und zieht ihn zurück.

Beide bemerken nun, wie der helle Fleck sich bewegt. Für einen kurzen Augenblick vermeint Rama, ein Tier zu erkennen. Dann sieht er nur noch das Gebüsch. Nicht einmal die glänzende Stelle ist mehr da. Was mag das wohl sein?

Da tritt eine Gazelle heraus. Ihr helles Fell leuchtet in der Sonne. Die Augen funkeln wie Edelsteine. Sie ist so schlank wie eine himmlische Fee. In ihrer ganzen Schönheit steht sie vor ihnen. Voller Anmut macht sie ein paar Schritte vorwärts. Dann wendet sie sich scheu um. Die beiden Beobachter verhalten sich still und winken Lakshmana herbei. Auch er bewundert das herrliche Tier.

Urplötzlich dreht es sich um und ist mit weiten Sätzen hinter den Bäumen verschwunden. Sprachlos vor Staunen blicken die drei noch immer in die gleiche Richtung. Plötzlich entdecken sie es ganz in der Ferne auf einer Wiese grasend. Kurze Zeit später taucht es am Garten ihres Häuschens auf, zupft ein Blatt vom Baum und nickt Sita zu, als ob es sagen wollte: „Komm doch heraus!“ Sie läuft nach draußen. Die Gazelle springt lustig in die Höhe und entfernt sich mit leichten Schritten.

„Rama, diese Gazelle möchte ich haben. Ich habe noch nie ein so edles und graziles Tier gesehen."

„Ich werde sie dir fangen und dann kannst du dich immer an ihr erfreuen, sie zähmen und mit ihr spielen."

„Ja, schnell, hol sie mir, schnell."

Sie gibt Rama einen Kuss und drängt ihn zur Tür hinaus. „Oh, was werden mich die Leute in Ayudhya um dieses Tier beneiden. Wie wird Bharata staunen", ruft sie ihrem davon eilenden Mann nach.

Die Gazelle verschwindet. Rama bleibt ratlos stehen, schaut sich um, schaut zurück zu seiner Frau. Sie blickt genauso verzweifelt umher, aber ohne Erfolg. Auf einmal steht das Tier so dicht bei ihm, als ob es sagen wollte: „Oh fang mich doch!" Der Jäger macht einen Sprung auf es zu, hat es beinahe schon ergriffen. Vergeblich, das Wild ist mit ein paar Sätzen verschwunden.

Er kehrt zurück zu Sita: „Das scheint eine schwierige Jagd zu werden. Mach dir keine Sorgen, wenn ich länger weg bleibe. Ich nehme Pfeile und Bogen mit, und ich verspreche dir, ich werde das Tier zu deinen Füßen legen. Lakshmana, bleibe bitte bei meiner Frau und lass sie nicht allein. Du musst sie beschützen!"

Lakshmana nickt ihm zu: „Du kannst dich auf mich verlassen. Mach dir keine Sorge um uns, pass lieber auf dich selbst auf!" Rama stürmt nach draußen. Er sieht gerade noch, wie die Gazelle mit einem gewaltigen Sprung entflieht. Er jagt hinter ihr her. Bald sind Jäger und Wild den Augen der Einsiedler entschwunden.

„Wenn das nur gut geht", meint Lakshmana, „ich habe jetzt meine Befürchtungen."

Sita lacht ihn aus: „Mein Mann tut für mich alles, er wird mir bestimmt dies wundervolle Tier mit nach Hause bringen."

Die Zeit vergeht. Es wird dunkel. Rama ist noch immer nicht zurück. Langsam beginnen die Sorgen in Sita zu wachsen und gewinnen Oberhand über ihre Sehnsucht, das Tier zu besitzen. Der Schwager beruhigt sie. Sie legen sich schlafen. Beide aber sind mit ihren Gedanken bei Rama.

Nach einer unruhigen Nacht ärgert sich Sita, ihren Mann nach diesem Kleinod auf die Jagd geschickt zu haben. Aber es ist zu spät, sie kann ihn nicht mehr zurückrufen. „Du weißt doch, wenn sich

Rama etwas in den Kopf gesetzt hat, führt er es durch. Er hält sich an das Versprechen, das er dir gegeben hat. Wenn es noch so lange dauert. Er wird mit dem Tier zurückkommen. Wir können nur warten."

Sita wird immer unruhiger. Vielleicht ist Rama im Jagdeifer gestürzt und liegt verletzt im Wald. In Sita steigen schreckliche Bilder auf, die sie mehr und mehr quälen. Wieder vergeht eine furchtbare Nacht des Wartens.

Am nächsten Morgen bittet Sita Lakshmana unter Tränen, seinen Bruder zu suchen. „Gerne würde ich ihn suchen. Ich mache mir selbst große Sorgen, aber er würde es mir nie verzeihen, wenn ich dich alleine ließe. Nein, ich bleibe hier."

Sita ist mehr und mehr verzweifelt und quält sich mit bitteren Selbstvorwürfen. Immer wieder fleht sie Lakshmana an, doch seinen Bruder zu suchen. Vergeblich. Wieder vergeht eine unendlich lange Nacht der Sorgen. Auch Lakshmana ist bedrückt, aber er bleibt.

Einige Tage sind vergangen, als die beiden Ramas Stimme hören. Er ruft sie laut und vernehmlich beim Namen und bittet um Hilfe.

Nun hält es Sita nicht mehr aus. Sie schreit Lakshmana an: „Siehst du, ich habe dir schon lange gesagt, dass du Rama suchen sollst. Du Dummkopf, warum bist du hier geblieben? Los, geh und kümmere dich um meinen Mann!"

Lakshmana erinnert sich an sein Versprechen und bleibt. Sita ist verzweifelt. Sie kreischt ihren Schwager an. „Warum verweigerst du deine Hilfe? Du hast den Hilferuf genau so gehört wie ich. Ich weiß, du willst nur, dass wir hier im Walde umkommen, damit Bharata König werden kann. Du Feigling hast uns beide hintergangen und steckst mit Bharata unter einer Decke. Du bist hinterhältig. Ich hasse dich!" Weitere Beschimpfungen schleudert ihm Sita in grenzenlosem Zorn entgegen.

Lakshmana ist ganz verzweifelt. Auf der einen Seite macht er sich selbst auch die größten Sorgen um seinen Bruder. Erschwerend kommt noch die maßlose Wut Sitas hinzu, deren Ängste er nur zu gut verstehen kann. Auf der anderen Seite weiß er genau, dass sich Rama auf das Versprechen verlässt, das er ihm gegeben hat, Sita in jeder Lage zu beschützen.

Nach langem Zaudern schließlich gibt Lakshmana Sita nach und geht schweren Herzens auf die Suche nach dem so sehr Vermissten. „Beeil dich und bring mir, so schnell du kannst, meinen Mann zurück! Ich will nur ihn, verflucht sei die Gazelle, die mich zu meinem eitlen Wunsch veranlasst hat. Komm schnell zurück! Bitte!" Sita kehrt allein voller Unruhe und Ungewissheit in ihr Häuschen zurück, verschließt die Türe hinter sich und wartet, wartet.

Lakshmana auf der Suche nach seinem Bruder

Völlig überhastet stürmt Lakshmana davon. Zuerst eilt er in die Richtung, in der sein Bruder verschwunden ist. Er ist auch schnell bei der kleinen Wiese, auf der die Gazelle ihre munteren Spiele vorgeführt hat. Dann sieht er abgebrochene Zweige. Rama hat bei seiner Jagd viele Spuren hinterlassen. Lakshmana folgt ihnen mit sicherem, durch den langen Waldaufenthalt geschultem Blick. So kommt er langsam, aber doch stetig vorwärts.

Es wird dunkel. Es ist zwecklos, weiter zu gehen, und er legt eine Pause ein. Am nächsten Morgen erhebt er sich bei Tageslicht und geht weiter auf die Suche. Immer wieder wird er von Sorgen und Zweifeln gequält. Ob Rama überhaupt noch lebt? Er beschleunigt seine Schritte in großer Angst. Dabei muss er zugleich darauf achten, die Spur nicht zu verfehlen.

Endlich erblickt er seinen Bruder in der Ferne, auf dem Boden kniend und sich über etwas beugend. Mit lautem Ruf eilt er auf ihn zu. Der Vermisste schaut auf und eilt ihm ebenfalls entgegen. Beide liegen sich in den Armen und bringen vor Freude kein Wort über die Lippen.

Dann fragt Rama: „Wo ist Sita? Wie geht es ihr? Warum bist du hier?"

Jäh legt sich die Freude der beiden und macht großer Bestürzung Platz.

„Schau her!", sagt Rama und zieht ihn zu der Stelle, an der er eben noch gekniet hat. Lakshmana sieht voller Ekel einen riesigen Dämon tot in seinem Blut liegen. In seiner Brust steckt noch der Pfeil Ramas.

Aber was ist geschehen? Die beiden Männer lassen sich nieder, und der ältere berichtet aufgeregt: „Ich lief hinter der Gazelle her, die mich weiter und weiter von zu Hause weg lockte. Mal war sie zum Greifen nah, mal kaum sichtbar in der Ferne. Ich merkte, wie mich diese Gazelle an der Nase herum führte. Doch ich gab nicht auf. Schließlich kam ich zu dem Entschluss, das Tier zu töten, das Fell abzuziehen und es mit nach Hause zu nehmen. Ich war sicher, Sita würde sich damit begnügen, wenn ich ihr von meinen Schwierigkeiten erzählen würde.

Als sich die Gazelle wieder einmal außerhalb normaler Schussweite eines Pfeiles in herausfordernder Größe zeigte, nahm ich meinen Pfeil, legte ihn an und zog die Sehne meines Bogens so weit, dass ich sicher war zu treffen. Mein Pfeil traf. Ich stürzte auf das erlegte Wild, als ich aus ihm meine eigene Stimme vernahm, die laut: ‚Sita!' und ‚Lakshmana!' schrie. Das Echo dieser Stimme brach sich tausendfach in den Hängen der Berge und erfüllte die Luft. Die Gazelle aber verwandelte sich tödlich getroffen in den Dämon Maricha, der die ganze Zeit versucht hatte, mich von zu Hause weg zu locken. Jetzt ahne ich das Schlimmste. Lass uns sofort zu Sita zurückkehren!"

Sie überlassen den Leichnam des Dämons den wilden Tieren und haben jetzt nur den einen Gedanken: „Hoffentlich kommen wir nicht zu spät ."

Unterwegs berichtet Lakshmana nach Atem ringend, dass sie in der Hütte diese Stimme auch gehört hätten und er deshalb hier sei.

Die beiden Recken schlagen sich durch das dichte Gebüsch zurück. Es geht jetzt sehr schnell, da sie den Weg kennen, aber ihre Sorgen lassen den Weg unendlich lang erscheinen. Endlich sind sie bei der Hütte angelangt.

Die Haustür steht weit auf. Sie stürzen ins Innere. Es ist leer. Sie schreien: „Sita, Sita, Sita!" Keine Antwort. Sie rasen zum Garten. Nichts. Sie durchsuchen den nahen Wald mit dem Gedanken, dass Sita vielleicht Holz holt. Nichts. Sie springen zurück. Vielleicht schläft sie noch? Nichts. Sie suchen überall an allen unmöglichen Stellen. Nichts, nichts.

Langsam steigt in ihnen die lähmende Gewissheit auf: Sita ist entführt worden. Wäre sie freiwillig gegangen, hätte sie eine Nachricht hinterlassen. Sie muss gezwungen worden sein. Alle Zeichen in der Hütte weisen darauf hin.

Ihre schlimmsten Befürchtungen scheinen wahr geworden zu sein: Rahwana hat seine Hand im Spiel. Verzweifelt lässt sich Rama auf einen Sitz fallen und zermartert seinen Kopf. Rahwana muss Sita geraubt haben. Deshalb hatte er ihn wohl mit Hilfe der Gazelle weg gelockt. Mit einem Mal wird alles klar.

Mit einem Aufschrei lässt sich Rama auf das Bett Sitas fallen, drückt ihre Schlafdecken an sich und weint laut in sie hinein. Sein Bruder versucht, ihn zu trösten. Vergeblich.

Endlich gelingt es ihm, dem Verzweifelten mit vielen Worten und nur ganz langsam klar zu machen, dass jetzt der Augenblick zum Handeln gekommen ist und alles Wehklagen keinen Sinn hat, ja sogar Sita nur schadet, weil sie wertvolle Zeit durch Untätigkeit verstreichen lassen.

Entschlossen springt Rama auf: „Ich werde sie so lange suchen, bis ich sie gefunden habe. Dann werde ich sie mitnehmen. Wehe aber dem hinterlistigen Räuber. Er wird seine furchtbare Strafe erhalten."

Die beiden Männer versehen sich mit allem Nötigen und brechen sofort auf. Aber wohin? Sie merken schnell, dass es sinnlos ist, einfach nur auf's Geratewohl im Wald umher zu rennen.

Nach kurzem Überlegen entschließen sie sich, ihren Weg in Richtung Lanka einzuschlagen. Hier soll Rahwana wohnen, hierhin könnte er Sita vielleicht verschleppt haben. Der Weg dorthin ist unvorstellbar weit. Das ist für die Männer kein Hindernis. Der Wunsch, Sita zu finden, ist größer als alle Hemmnisse dieser Welt.

Jatayu, der König der Geier, gibt letzte Gewissheit

Rama und Lakshmana preschen durch das dichte Gebüsch. Dornen reißen ihre Haut auf. Sie spüren keinen Schmerz. Durch den finsteren Dschungel jagen sie vorwärts, fallen auf schlüpfrigem Boden, stolpern über im Farn versteckte Baumstämme. Schweiß rinnt in Bächen von ihnen herab. Es ist in der feuchten Hitze unerträglich warm. Sie keuchen einen Berghang hoch und erreichen mit letzter Kraft den Gipfel. Nach einer kurzen Pause springt Rama erneut auf, um weiter zu hasten.

Nun meldet sich der jüngere Bruder zu Wort: „Wenn wir so weiter machen, werden wir Sita nie erreichen. Lass uns besonnen vorwärts gehen und unsere Kräfte vernünftig einteilen, sonst werden wir vor Erschöpfung erkranken und hier liegen bleiben."

„Du hast Recht, von nun an wollen wir uns nicht von Zorn und Angst leiten lassen", antwortet Rama.

Sie planen jetzt genau jede Tagesetappe, stellen immer wieder die Richtung fest, legen Pausen ein, um sich Nahrung und Wasser zu beschaffen, und schauen nach einem sicheren Schlafplatz, wo sie nachts neue Kräfte schöpfen können.

Gerade klettern sie einen Hügel hoch, dessen Kuppe nur licht bewaldet ist. Hier oben wollen sie frischen Atem schöpfen und etwas zu sich nehmen. „Halt!", schreit plötzlich Rama auf, „schau dort oben liegt eine graue unförmige Masse, die sich bewegt. Ich kenne kein Tier, das so aussieht. Es muss ein Dämon sein. Vielleicht hat er im Auftrag Rahwanas Sita entführt. Es ist besser, ich schieße dieses Ungetüm tot."

Auch Lakshmana sieht die furchteinflößende Gestalt und nickt seinem Bruder zu: „Schnell. Beeil dich, bevor uns das Scheusal gesehen hat." Rama spannt seinen Bogen und zielt. Plötzlich hören sie einen lauten Ruf: „Lasst mich am Leben. Ich bin kein Dämon. Ich bin Jatayu, der König der Geier, und kann euch viel von Sita erzählen." Vorsichtig nähern sich die beiden Schützen dem Tier und sehen plötzlich, warum sie diese Gestalt nicht als Tier erkennen konnten. Vor ihnen liegt ein riesiger Vogel ohne Flügel. Er wälzt sich im Blut, aber er kann noch sprechen. Die beiden Männer wollen seine Wunden verbinden.

Der Geier winkt ab: „Dazu ist es zu spät. Hört besser meine Geschichte über Sita, ehe ich sterbe." Die beiden Königssöhne beugen sich dicht über den Verletzten, um jedes Wort zu verstehen, und lauschen begierig dem Bericht.

„Ich saß auf einem hohen Baumwipfel über eurem Haus. Kaum war Lakshmana fortgegangen, als ein Wanderer in einer Mönchskutte auf das Haus zu kam. Er näherte sich vorsichtig und verneigte sich demütig zum Gruß, als Sita aus dem Haus kam. Die beiden sprachen miteinander. Sita ging ins Haus zurück, um dort eine Schüssel mit Wasser zu holen, in der sich der Eremit die vom langen Marsch schmutzig gewordenen Füße waschen konnte. Dann verspeiste er mit sichtlichem Wohlbehagen die ihm gereichten Speisen. Sita schaute zu. Als der Einsiedler seine Mahlzeit beendet hatte, begann er ein Gespräch. Ich flog unbemerkt näher, um zu hören, was der Mann sagte, und vernahm gerade noch, wie er sich als Rahwana zu erkennen gab und Sita alle Reichtümer dieser Welt versprach, wenn sie ihre armselige Behausung verlassen und mit ihm ziehen würde. Er wolle sie zur angesehensten Königin in seinem Reich Lanka machen, mit tausend Dienerinnen, die nur darauf warten würden, ihr jeden Wunsch von den Augen abzulesen. Mit einem Schrei wandte sich Sita ab und versuchte ins Haus zu gelangen. Rahwana warf sein Mönchsgewand ab, stellte ihr nach und umfasste sie mit brutaler Gewalt. Sita schrie wieder vor Angst, und ihre Hilferufe steigerten sich. Gerade in diesem Augenblick donnerte ein gewaltiger Wagen vom Himmel herbei, der Unhold zerrte Sita hinein und unter seinem lauten Siegeslachen brauste das Gefährt davon. Im letzten Augenblick gewahrte mich Sita, flehte mich um Hilfe an und bat mich, dir, Rama, von ihrem großen Unglück zu berichten. Ich flog mit gewaltigen Schwingenschlägen hinter den Flüchtenden her, und es gelang mir auch tatsächlich, sie einzuholen. Ich schrie Rahwana an, er solle sofort seine Gefangene freilassen. Als er nicht reagierte, stürzte ich mich mit meinen eisenharten Krallen auf seinen Bogen und zerschmetterte ihn. Der so von mir überrumpelte Lüstling stutzte einen Augenblick, weil er sich seiner mächtigsten Waffe beraubt sah. Dann aber griff er zum Schwert und schlug mir beide Flügel ab. Ich stürzte zu Boden und habe noch sein Hohnlachen und die Schreie von Sita in den Ohren."

Die beiden Königssöhne hören erschüttert den Bericht des Geierkönigs. Dann legt Rama vorsichtig seine Arme um ihn, küsst ihn und spricht: „Ich werde dir deine Hilfe nie vergessen, dich immer verehren und lieben wie meinen Vater; Jatayu, du hast dein Leben für Sita und mich geopfert."

Beide verneigen sich in Ehrfurcht und bleiben betend bei ihm, bis er stirbt. Sie bereiten ihm mit aller Sorgfalt eine würdige Beerdigung und scheiden dann traurig mit dem Bewusstsein, einen treuen Freund verloren zu haben.

Weiter durch den Dschungel

Unverdrossen gehen sie weiter ihren Weg, der sie in tiefste Urwälder führt. Die beiden Helden sind schweigsam geworden. Jeder hängt seinen eigenen Gedanken nach.

Aber zum Träumen ist keine Zeit. Zuerst vertreiben sie eine grässliche Dämonin, die sich in ihrer ganzen Geilheit auf sie stürzt. Dann stehen sie vor einer großen Höhle, die tief in den Berg hinein führt. Sie brauchen nicht lange zu warten. Eine unheimliche Gestalt nähert sich ihnen. Sie hat keinen Kopf. Augen, Mund und Nase sind über den ganzen Dickbauch verteilt. Ihre Brust ist voller schwarzer Haare und lässt keine Stelle der Haut sichtbar werden. „Einen solch hässlichen Dämon habe ich noch nie in meinem Leben gesehen", entfährt es dem sich ekelnden Lakshmana.

Der Dämon hat die beiden Kämpen schon gesichtet. Er wischt sich die Blutreste der von ihm erlegten Tiere von den Lippen und fällt wie ein riesiger Krake über die Männer her. Sie sind so überrumpelt, dass sie sich ohne Gegenwehr in seinen mächtigen Armen wieder finden. Er beginnt sie mit solcher Kraft an sich zu drücken, dass sie nach Luft ringen. An Kämpfen denken sie schon gar nicht mehr. Mit harter Donnerstimme grölt er sie an: „Ha, ha, ich habe Hunger auf einen frischen Braten Menschenfleisch. Gleich werdet ihr meinen Hunger stillen, mir läuft schon die Spucke im Munde zusammen." Dabei sabbert er so, dass eine stinkende, nach Aas riechende Flüssigkeit aus seinem Maul trieft. Aber für Ekel ist jetzt keine Zeit. Lakshmana greift in seiner höchsten Not zu einer List und beschimpft und beleidigt das Ungeheuer. Dieses wird so böse, dass es seinen Rachen aufreißt, um die Männer zu verschlingen. Dabei lockert es den Griff seiner Arme. Rama und Lakshmana ergreifen gleichzeitig wie auf Befehl ihre Schwerter und schlagen dem Dämon beide Arme ab. Mit lautem Aufschrei lässt er die beiden los. Über und über mit Blut besudelt taumelt er davon, fällt hin und wälzt sich vor Schmerz auf dem Boden. Erschüttert stehen die so vom Tode Erretteten um den Sterbenden. Dieser fragt sie mit verlöschender Stimme: „Wer seid ihr?"

„Wir sind Rama und Lakshmana", sprechen sie wie aus einem Munde. Nun geschieht etwas ganz Unerwartetes. Das Ungetüm stößt Laute der Freude aus. Seinem Gestammel entnehmen die Streiter, dass dieser Dämon früher ein Gott war, der wegen einer Untat in einen Dämon verwandelt wurde. Es gebe, so der Fluch, für ihn nur die eine Möglichkeit, wieder in seinen früheren Zustand zurückzukehren, wenn er von Rama und Lakshmana getötet würde. „Ich bin euch dafür unendlich dankbar", ruft er mit fröhlicher Stimme. Rama bittet nun den Verletzten um Rat, wie er Sita wieder finden könne. „Geht zum Affenkönig Sugriva. Er hasst alle Dämonen, kennt ihre Schlupfwinkel und somit auch die des Rahwana. Er wird euch helfen können." Bei diesen Worten wird aus dem stinkenden Koloss ein wunderschöner, strahlender Jüngling, der sein Haupt zur Seite neigt und mit einem Lächeln auf den Lippen stirbt. Betroffen und gleichzeitig erfreut über diese hilfreiche Begegnung ziehen die Königssöhne weiter.

Nach langem und beschwerlichem Marsch öffnet sich der Dschungel. Die Luft ist erfüllt mit dem Geruch von frischem Wasser. Neugierig gehen sie weiter und gelangen an einen klaren, großen See, auf dem eine unübersehbare Fülle herrlicher Lotosblüten ihre Farben verschwendet. Überwältigt von diesem Anblick verharren die Söhne Dasharathas und genießen die Stille der Natur.

„Ach, könnte nur Sita mit uns diese Pracht genießen!", wünscht sich Rama, der immer mehr vom Strom der Sehnsucht nach seiner Frau mitgerissen wird, bei dem Gedanken an ihre Trennung immer mehr in Trauer versinkt.

Mit einfühlsamer Stimme richtet ihn sein junger Bruder auf: „Lass dich nicht von Trauer und Schmerz überwältigen und verharre nicht im Leid; denn damit verurteilst du dich selbst zur Untätigkeit. Überwinde deinen Gram! Nur dann vermagst du zu handeln, und die Götter werden dir dabei helfen." Rama versteht die ermutigenden Worte Lakshmanas und lächelt ihn dankbar an.

Dann reißen sie sich von dem schönen Anblick los, binden einige Baumstämme zu einem Floß zusammen und rudern mit ihm über den See.

Buch IV

BEI DEN AFFEN

Sita

Unterwegs zum Affenkönig

Rama und Lakshmana rudern langsam und vorsichtig durch den gewaltigen Farbenteppich der Lotosblüten. Mit ihren Rudern schieben sie die Pflanzen behutsam zur Seite, um die natürliche Harmonie nicht zu zerstören. Lautlos gleitet ihr Floß unter dem Licht der hoch am Himmel stehenden Sonne. Dabei funkeln die Schwerter und Waffen und sprühen unzählige helle Flecken auf das dunkle Geäst der Baumriesen am Seeufer. Die beiden Männer sind so vom Glanz des Wassers eingenommen, dass sie alles um sich herum vergessen.

Sie sehen nicht die vielen Augen, die ihnen aus dem dichten Gestrüpp nachstarren. Sie hören nicht das Brechen des Unterholzes unter den Sprüngen der Beobachter, die das kleine Schiff begleiten. Ahnungslos plaudern die Brüder miteinander und entfernen sich wie von selbst immer weiter von ihrer Anlegestelle. Dann bekommen sie Hunger, gehen an Land und braten auf einem kleinen Lagerfeuer ihre frisch gefangenen Fische. Nach ihrem Mahl löschen sie das Feuer und bedecken die Speisereste mit Erde, damit sie dort vermodern können.

Weiter geht ihre Fahrt. In der Ferne gewahren sie das andere Seeufer, dem sie jetzt zustreben. Bald wird es Abend werden, und sie wollen sich um ihr Nachtlager kümmern. Kurz vor Einbruch der Dunkelheit erreichen sie das Ziel, einen trockenen, etwas erhöhten freien Platz, wo sie ihre Decken zum Schlafen ausbreiten. Auch hierbei gehen sie vorsichtig zu Werke, um ja keinen Schaden in der Natur anzurichten. Nach einer in Ruhe verbrachten Nacht machen sie sich weiter zu Fuß auf den Weg, in der Hoffnung, dass dieser sie zum Affenkönig Sugriva führen wird.

Plötzlich hören sie aus dem Wald das Knacken von Zweigen und Schritte. Aus dem Gebüsch tritt ein Mönch im gelben Gewand. Sie begrüßen sich, und arglos erkundigen sich die königlichen Brüder nach dem Weg zu Sugriva. Der Mönch meint verwundert: „Was wollt ihr vom König der Affen?“ Vertrauensvoll erzählen die beiden ihre Geschichte. Der Fremde hört gespannt zu und stellt hin und wieder Fragen, die sie bereitwillig ausführlich beantworten. Dabei bemerken sie nicht, dass er nur prüfen will, ob sie die Wahrheit sagen. Als sie mit ihrem Gespräch zu Ende sind, lässt der Eremit mit der Bewegung seiner Schulter seinen Umhang fallen. Die Brüder erschrecken: Vor ihnen steht ein mit kostbarem Panzer gekleideter majestätischer Affe. Sie greifen nach ihren Schwertern, um einem Angriff zuvor zu kommen.

Der Affe lächelt und beruhigt sie mit seiner Rede: „Ich bin der Affengeneral Hanuman. Sugriva hat mich als Kundschafter zu euch geschickt. Meine Soldaten haben euch schon auf dem ganzen Weg hierher beobachtet und mir berichtet, dass sie in euch keine Feinde vermuten, da ihr so sorgsam darauf bedacht wart, keinen Schaden in unserem Land anzurichten. Ihr müsst nämlich wissen, dass König Sugriva von seinem Bruder aus seinem Reich verjagt wurde und dass sich dieser Bruder anschließend selbst zum König gemacht hat. Damit nicht genug, er versucht immer wieder, meinem König und seinem Land zu schaden, ja sogar ihn zu töten, weil er insgeheim Rache für seine schlechte Tat fürchtet. Sugriva wollte schon seine Soldaten aufmarschieren lassen, um gegen euch zu kämpfen, weil er dachte, ihr wäret Verbündete seines größten Widersachers. Ich konnte ihn nur mit Mühe davon abhalten, indem ich ihm klar machte, dass ein Herrscher nie aus dem Gefühl des Zorns oder der Angst unbedacht handeln soll, sondern nur nach sorgfältigem Prüfen und Abwägen des wirklichen Sachverhalts. Das ist jetzt geschehen, und ich freue mich, zwei so berühmte Helden wie euch zu meinem König führen zu dürfen. Er wird euch mit großer Freude aufnehmen."

Nun machen sich die drei Helden auf den Weg zu Sugriva. Hanuman versichert seinen Gästen noch das volle Mitgefühl seines Königs, da dieser nicht nur sein Reich, sondern ebenfalls die eigene Frau an den Bruder verloren habe.

Der Pfad wird immer schmaler und verliert sich schließlich ganz im Gestrüpp. Nur das geschulte Auge Hanumans findet die kleinsten Spuren, die die Richtung zum Affenkönig angeben. Die drei Männer verlangsamen ihre Schritte und schnaufen einen Steilhang hoch. Der Baumbewuchs ist spärlich geworden, und nackter Fels tritt hervor. Die Gegend wird immer unwirtlicher, sie klettern über Geröll und große Steine, bis sie endlich vor einem riesigen Felsen Halt machen. Von hier oben aus ergibt sich ein weiter Blick über das fruchtbare Land. Doch die Bergsteiger nehmen sich für diese herrliche Aussicht keine Zeit. Sie folgen mit ihren Augen der Richtung des ausgestreckten Armes von Hanuman und entdecken, gut im Gebüsch versteckt, den Eingang einer Höhle.

„Hier ist der Zufluchtsort unseres Königs“, lässt der Affengeneral vernehmen. Unzählige Wachen salutieren und lassen sie unbehelligt passieren. Ein langer Gang führt in das Innere des Berges. An den Seitenwänden sind brennende Fackeln befestigt, die ein spärliches Licht auf den Weg werfen. Sicheren Schrittes eilt Hanuman voran. Die Königssöhne stolpern, so gut es nur eben geht, im Halbdunkel hinterher. Wieder und wieder muss der Affengeneral auf die beiden Brüder warten, bis er schließlich vor einem aus rohen Brettern gezimmerten Tor steht. „Hier empfängt uns der König“, flüstert Hanuman. Die beiden Begleiter sind über die armseligen Verhältnisse dieses Königs sehr erschrocken.

„Ist er nicht in einer ähnlichen Lage wie wir?“, meint Lakshmana, und die Brüder ergreift ein tiefes Mitgefühl für den gestürzten Herrscher. Aber die beiden finden keine Zeit zum Nachdenken. Das einem Tor ähnliche Gebilde wird mit lautem Knarren geöffnet.

Sie betreten eine kleine Felskammer, die man in aller Eile in das Gebirge gehauen hat. An den Wänden leuchten ein paar Öllampen. Den rauen Steinboden bedeckt ein Fell, auf dem ein älterer Mann, der König, sitzt. Dieser springt auf und kommt den Eintretenden mit freundlichem Lächeln entgegen, begrüßt sie herzlich und lädt sie zum Sitzen ein. Sie lassen sich etwas mühsam auf dem unbequemen Untergrund nieder. Zwei Diener bringen Wasser herbei. Es ist außergewöhnlich wohltuend und erfrischt die Gäste. Dann beginnen sie mit der Unterhaltung. Eine Atmosphäre der Freundschaft breitet sich aus. Alle haben das Gefühl, dass sie in ähnlichen Schwierigkeiten sind, aus denen sie sich gemeinsam befreien wollen. Sugriva bittet die Gäste zu bleiben, und sie übernachten in der Höhle. Bis in die späte Nacht sprechen sie noch miteinander und fallen dann mit dem Gefühl, gute Freunde gefunden zu haben, beruhigt in den Schlaf.

Feste Freundschaft

Erschöpft von den Strapazen der letzten Tage wachen die beiden Gäste spät auf. Als sie sich erheben wollen, spüren sie erst richtig, wie hart das Lager war, auf dem sie geschlafen haben. Vor ihnen steht der Herrscher der Affen und lädt sie freundschaftlich zu einer guten Suppe ein. Mit einem Mal bemerken die beiden Prinzen, welch köstlicher Duft durch die Höhle weht. Gleichzeitig stellt sich bei ihnen ein mächtiger Hunger ein. Sie eilen aus der Felskammer und waschen sich. Dann sitzen sie gemeinsam beim Mahl.

Sie kosten genussvoll die Speise, als wäre sie von Göttern zubereitet. Zu lange haben sie in der Verbannung nur einfache Nahrung zu sich genommen: Beeren, Früchte, Fische und Wild. So dauert es eine Weile, bis sie sich satt und zufrieden zurücklehnen und in Ruhe Zeit haben, ein neues Gespräch aufzunehmen. Dabei fühlen sie mehr und mehr, wie gut sie zusammen passen. Fast gleichzeitig machen sie den Vorschlag, Freunde zu werden. Der Affenkönig äußert den Wunsch, dass man dem Freundschaftsversprechen auch einen richtigen Rahmen geben müsse.

Hanuman eilt nach draußen und beginnt ein kleines Feuer zu entfachen. Es dauert nicht lange, bis eine Rauchfahne entsteht, die rasch größer wird, bis prasselnde Flammen zum Himmel empor züngeln. Sugriva und seine Gäste sind mittlerweile auch angekommen. In ihrem Gefolge tummelt sich eine Unzahl von Affenkriegern, welche sich auf das große Ereignis freuen. Hanuman wirft nun trockenes Gras und Gewürzkräuter in die Flammen. Es beginnt wunderbar zu duften, und das Feuer züngelt so hoch, dass man es schon von weitem sehen kann. Immer mehr neugierige Affen strömen herbei. Dann beten die drei zukünftigen Freunde laut zu den Göttern und erbitten deren Segen und Schutz. Sie umschreiten dreimal die knisternde Glut, geben sich die Hände und versprechen einander ewige Freundschaft: „Wir wollen einander helfen und in Gefahren beistehen. Dies schwören wir feierlich vor den Göttern.“ Die sonst so sorglos umherspringenden Affen sind auf einmal ganz still und ernst geworden. Der Affengeneral holt einen Baumstamm heran und bittet die drei Freunde, zum Zeichen der Eintracht darauf nebeneinander Platz zu nehmen. Sie lassen sich nieder und sind noch von der weihevollen Stimmung so gefangen, dass sie in Schweigen verfallen.

Nach einiger Zeit findet Rama als Erster zum Alltag zurück: „Wir haben einander gegenseitige Hilfe gelobt. Ich will nun den Anfang machen und verspreche dir, gegen deinen bösen Bruder zu kämpfen und dir dein Reich und auch deine Gemahlin zurückzugewinnen."

Der Affenkönig ist von diesen Worten der Freundschaft ganz gerührt, dann verschwindet er in der Höhle. Als er zurückkommt, hält er etwas in den Händen und spricht: „Mein lieber Freund. Vor kurzer Zeit stand ich auf dem Berg hier, als mit mächtigem Donner der Himmelswagen Rahwanas vorbei brauste. Ich hörte eine verzweifelte Frauenstimme, die unentwegt nach Rama schrie. Ehe ich antworten konnte, hatte sie mich schon entdeckt und warf mir dies hier herunter." Sugriva überreicht nun Rama einen Mantel und Juwelen.

Mit vor Aufregung zitternden Händen greift Rama danach und hält den Schmuck und den Umhang Sitas in Händen. Sofort erkennt er diese Gegenstände und presst sein Gesicht in den Stoff. Sehnsucht und Trauer zugleich überkommen ihn, und er weint hilflos wie ein Kind.

Sugriva legt nach einer Weile seine Hände auf die Schultern seines Freundes und spricht mit leiser Stimme: „Wer sich der Verzweiflung und dem Schmerz überlässt, verliert seinen klaren Blick und begibt sich somit in Gefahr. Überwinde deinen Schmerz und fasse Mut. So erlangst du die Kraft, mit meiner Hilfe Sita zu finden und zurück zu holen."

Rama schaut dankbar auf, erhebt sich und geht mit dem König in die Höhle, wo sie übereinkommen, zunächst einmal den feindlichen Bruder zu besiegen, um dann von ihm unbehelligt Sita zurückholen zu können. Sie entwerfen gemeinsam ihre Schlachtpläne und gehen frühzeitig zur Ruhe, um für den kommenden Kampf gestärkt zu sein.

Rama rettet seinen Freund

In nächsten Tagen schickt Sugriva seine Boten aus und sammelt ein schier unübersehbares Affenheer. Alle wollen ihrem gestürzten König helfen und die Stadt zurückerobern. Es wimmelt von aufgeregten Soldaten. Eine gewaltige Streitmacht zieht sich vor den Toren der Stadt zusammen.

Als die Kämpfer die mächtigen Stadtmauern und die trutzigen Burgtürme sehen, wird ihnen erst klar, welch gewaltige Aufgabe vor ihnen liegt. Manchem beginnt der Mut zu sinken und das Herz angstvoll zu klopfen.

Natürlich staunen auch Sugriva und die beiden Prinzen über das Ausmaß der Steinmassen, die diese Festung uneinnehmbar machen. Der feindliche Bruder hat in kurzer Zeit seinen eroberten Besitz zu einem riesigen Bollwerk ausbauen lassen.

Der Affenkönig will schon aufgeben, weil er seinen Soldaten nicht den Befehl zum Stürmen geben will. Rama sieht das verzweifelte Gesicht seines Freundes und spricht ihm Mut zu: „Du kannst dich auf meine Hilfe verlassen. Schon morgen wird dein Feind nicht mehr leben." Der Affenkönig freut sich zwar über die aufmunternden Worte, doch beim Anblick dieser Feste fällt ihm der Glaube schwer, und er versinkt wieder in dumpfes Grübeln. „Denke ja nicht, dass ich vorhabe, deine Soldaten gegen die hohen Stadtmauern rennen zu lassen. Ich weiß genau so wie du, dass dieser Versuch scheitern würde. Ich habe etwas anderes im Sinn", meint Rama.

Dann ziehen sich die drei Männer zurück und beratschlagen. Es dauert lange, bis sie mit zufriedenen Gesichtern auseinander gehen. Sugriva lässt seine Armee in einem Wald vor der Stadt lagern, und bald künden kleine Feuer und ein verführerischer Duft von frisch gebratenem Fleisch, dass das Heer den Tag friedlich beenden will. Die Kämpfer machen sich mit Heißhunger über die leckeren Speisen her und begeben sich gleich nach dem Mahl in ihre Zelte. Der lange Marsch hat sie müde gemacht, und so breitet sich bald abendlicher Friede über das ganze Lager. Die Soldaten schlafen fest und ruhig, denn sie haben die zuversichtlichen Andeutungen ihres gut gelaunten Anführers über den Verlauf des morgigen Tages mit in ihre Träume genommen.

Am nächsten Morgen hören sie in aller Frühe die Stimme ihres Königs. Wie ein Donnerschlag gellt sie in ihren Ohren. Erschreckt springen die Schläfer auf. Aber das gewaltige Getöse gilt nicht ihnen.

Sie sehen Sugriva in voller Rüstung zwischen ihnen und der Stadtmauer stehen. Sein Panzer sprüht in den ersten Sonnenstrahlen, und sein Helm sendet funkelnde Blitze in die dunklen Gassen der Stadt auf dem Berge. Er hat seine Hände zu einem Trichter geformt und legt seine ganze Kraft in seine Stimme, die einem Gewitter gleich über die Stadt hereinbricht.

Auf den Zinnen der Burg rennen die Feinde aufgeregt hin und her. Zwischen den Schießscharten der Mauern blitzen Waffen. Die Fenster der Häuser öffnen sich. Die ganze Stadt erwacht und duckt sich unter der Gewalt der Rufe. Langsam beginnen alle, den Sinn der donnernden Rede zu verstehen: „Du feiger Bruder. Trotz all deiner Macht hast du dich nicht verändert. Wie immer hast du dich angesichts der Gefahr ängstlich verkrochen. So einer will König sein, ein ganzes Volk regieren? Schon als Kind bist du vor jeder Maus davon gelaufen. Wenn es Ärger gab, hast du dich schon damals feige hinter mir versteckt. Immer hast du andere vorgeschoben, wenn es galt, Mut zu beweisen. Komm doch, du Prahlhans. Komm heraus aus deinem Versteck und kämpfe mit mir. Deine ganze Stadt lacht jetzt über deine Angst. Schämst du dich nicht?“ In ähnlicher Weise setzt sich die Rede fort und lässt kein Geschehnis aus, um den Widersacher zu verletzen und zu beschämen. Jeder in der Stadt hört zu. Was wird ihr geschmähter Anführer jetzt machen? Noch immer nimmt der Hohn kein Ende. Immer neue Enthüllungen dringen an die Ohren aller neugierig Lauschenden.

Als sich nun die Rede Tara, der Frau des Königs, zuwendet, wird mit jähem Krachen das Stadttor geöffnet.

Heraus tritt der verhöhnte Bruder in voller Rüstung und mit der Königskrone auf dem Kopf. Vergeblich versucht ihn seine Frau zurückzuziehen. Mit vor Zorn gerötetem Kopf reißt er sich los und stürzt sich auf Sugriva, um dessen Schmährufe mit einem Mal zu beenden. Darauf hat Rama nur gewartet, dessen listiger Plan sich nun zu erfüllen scheint. Die beiden Männer prallen aufeinander, umschlingen sich und versuchen sich zu erdrücken oder wenigstens zu Fall zu bringen. Als erstes fällt die Königskrone in den Schmutz und rollt noch ein Stückchen bis unter einen Strauch. Sugriva glaubt sich schon als Sieger. Da wird er von hinten mit eisenharter Faust gepackt und zu Boden gezogen. Der Affenkönig kann nur mit einer verzweifelten Drehung seinen Feind abschütteln. Der tödliche Zweikampf beginnt aufs Neue. Die in sicherer Entfernung stehenden Soldaten hören das Keuchen der Kämpfer. Plötzlich ein Schrei. Sugriva ist zu Boden gestürzt. Sein feindlicher Bruder neigt sich nieder, um ihm mit seiner Waffe den Todesstoß zu versetzen. Mit bleichem Gesichtern erwarten die Soldaten das unerwartete, schreckliche Ende des Kampfes. Sie hören ein lautes Sirren. Sie sehen, wie ein Pfeil die Brust des Feindes trifft und durchbohrt.

Rama hat nach seinem sicheren Schuss den Bogen abgesetzt. Dann läuft er zu seinem Freund und hilft ihn vom Boden auf. Vor Freude umarmt Sugriva seinen Retter. Nun wenden sich beide dem tödlich Verletzten zu. Entsetzt eilen dessen Frau Tara und sein Sohn herbei und erkennen, dass jede Hilfe nutzlos ist.

Mit letzter Kraft bittet der Sterbende seinen Bruder, sich um seinen Sohn zu kümmern, und vertraut ihn seiner Obhut an. „Verzeihe mir, mein Ehrgeiz hat mich zu schändlichen Taten getrieben, und ich bereue sehr, dass ich dadurch so vielen Menschen Verderben gebracht habe.“ Er nimmt die Kette seiner Königswürde ab und kann sie gerade noch seinem Bruder umlegen, bevor er sich zur Seite neigt und stirbt. Mit einem Schrei stürzt sich die junge Tara auf den Toten und umarmt ihn.

Warten

Mit unbeschreiblichem Jubel zieht Sugriva mit seinem ganzen Affenheer in seine Stadt ein. Alle Bürger sind froh, wieder ihren alten König bei sich zu haben, vom Joch der Schreckensherrschaft befreit zu sein.

Die Straßen der Stadt werden zu einer einzigen großen Theke hergerichtet. Man trinkt, isst, tanzt, und das ausgelassene Lärmen dringt bis zum Schloss herauf, wo der Affenkönig seine wiedergewonnene Frau in dem Armen hält und sein Glück genießt. Rama und Lakshmana feiern mit, sind Gäste des Königshauses und die Helden der Stadt; denn jeder weiß, dass ohne den Bogenschuss Ramas der Verbrecher weiter sein Unwesen getrieben hätte.

Nun wendet sich der König seinen beiden Freunden zu und stellt ihnen einen der schönsten Paläste der Stadt zur Verfügung. Rama schüttelt den Kopf: „Ich habe geschworen, in Verbannung zu leben. Soll ich dabei im Luxus wohnen, während meine Frau Sita sich in Sehnsucht nach mir verzehrt? Ihr werdet mich bitte verstehen, wenn ich nein und nochmals nein sagen muss."

Sugriva versteht den Freund und sucht nach einer anderen Bleibe für seinen Gast.

Nach ein paar Tagen brechen die beiden Brüder mit Hanuman auf. Der König hat diesen tapferen General für seine Freunde abgestellt. Der kleine Trupp steigt durch eine weite Flusslandschaft zu einem Berg hinauf, wo sich in Gipfelnähe eine Höhle befindet. Hier machen es sich die beiden Prinzen bequem, genießen die herrliche Aussicht und verzehren die reichlich mitgebrachten Gaben. In der Höhle hat der König ein weiches Lager bereiten lassen. Als alles seine Ordnung hat, verlässt Hanuman seine Freunde und verspricht, täglich vorbei zu kommen, sich nach ihrem Wohlergehen zu erkundigen und sie mit allem Nötigen zu versorgen. So geschieht es.

Hanuman bleibt bei seinen Besuchen nicht verborgen, dass die beiden Männer von Tag zu Tag einen ernsteren Eindruck machen. Immer weniger gehen sie auf sein lustiges Geplauder ein. Er ahnt, dass Rama sich mit der Ungewissheit der Zukunft quält. Sein höflicher Gast versucht, seinen Trennungsschmerz zu verbergen. Es gelingt ihm aber immer schlechter. Wochen vergehen, ohne dass etwas geschieht.

Schließlich ergreift der Affengeneral die Initiative. Er kündigt seinen Besuch beim König an, ohne Rama davon zuvor in Kenntnis zu setzen.

Sugriva ist neugierig, was sein oberster General ihm wohl zu berichten hat. Wenn er ehrlich ist, muss er gestehen, dass er ihn eigentlich schon ganz aus dem Auge verloren hat. Zu sehr hat ihn all die Pracht und Annehmlichkeit seines Hofes, auf die er so lange hatte verzichten müssen, in Beschlag genommen.

Der General braucht nicht lange auf die Audienz warten. Angetan mit seiner prachtvollen Galauniform eilt er in den Festsaal. Der König erhebt sich, will ihm entgegengehen, ihn als Freund umarmen. Hanuman bleibt jedoch stehen und hebt die Hand zum militärischem Gruß. Verwundert hält der König inne.

Als er nun hört, dass sein Untergebener ihm Vorhaltungen wegen seiner Regierung macht, gerät er außer sich vor Wut. „Was ist in dich gefahren, dass du mich an meine Pflichten erinnerst? Du hast mir ohne Widerspruch nur zu gehorchen und mir nicht zu sagen, was ich tun soll!"

Schon winkt er seine Wachsoldaten herbei, um den unbotsamen Mahner zu entfernen. Hanuman bleibt gelassen stehen. Die Wächter stürzen sich mit gesenkten Lanzen auf ihn. Der General rührt sich nicht, schaut nur den König ruhig und mitleidig an.

Wie kann sich sein Herr so von Zorn überwältigen und gehen lassen. Sugriva liest die Gedanken in den Augen des weisen Befehlshabers, wird sich seiner Versäumnisse bewusst, erkennt jäh sein Unrecht. „Halt!", schreit er seine Soldaten an. Die bleiben verwundert stehen.

Hanuman lächelt, auch er kennt seinen Freund, breitet die Arme aus, und beide Männer liegen sich in den Armen. „Du hast Recht", seufzt der König nach einer Weile. „Ich habe mein Versprechen gegenüber Rama ganz vergessen. Aber sei ohne Sorge, ich werde mein Unrecht wieder gut machen."

Beide Männer gehen nun zur Beratung in die Privatzimmer des Palastes.

Am nächsten Morgen reiten aus der Stadt Boten in alle Himmelsrichtungen. Sie haben den Auftrag, jeden Affenkrieger aus dem ganzen Reich herbeizurufen.

Bald treffen die ersten Trupps aus der Nähe ein; täglich folgen neue aus entfernteren Gegenden. Immer mehr Soldaten strömen durch die Stadttore, bis sich alle versammelt haben. Die Stadt ist erfüllt mit den bunten Uniformen, den blitzenden Waffen und dem Rufen und Lachen der quirlenden Menge von durcheinander laufenden Kämpfern. Man singt und plaudert, trinkt und isst und ist ob der gewaltigen Zahl von Kriegern siegesgewiss und wohlgemut.

Derweil fristen Rama und Lakshmana ein sehr eintöniges Leben in den Bergen. „Wir warten und warten", seufzt Rama verzweifelt.

„Wo ist unser Freund Hanuman? Auch er hat uns vergessen. Er wollte doch jeden Tag kommen. Nun sitzen wir hier alleine und lassen die wertvolle Zeit zur Befreiung meiner entführten Frau nutzlos verstreichen."

„Gedulde dich noch ein wenig. Du kannst dich auf Hanuman verlassen. Er wird kommen", tröstet Lakshmana.

Mit schwacher Hoffnung legen sich die beiden Brüder schlafen. Doch der nächste Tag bringt wieder keine Neuigkeiten. „Morgen früh werde ich selbst in die Stadt zum König gehen, dann werden wir weitersehen." schlägt Lakshmana vor. So geschieht es auch. Rama bleibt mit seiner Verzweiflung alleine zurück und wartet, wartet.

Niedergeschlagen reitet der junge Bruder derweil der Stadt zu. Mit einem Mal hält er sein Ross an: Vom Berghang sieht er weit im Tal die im Sonnenlicht funkelnde Stadt. Auf den Straßen zur Stadt kriechen große Wagenkolonnen. Dazwischen blitzen Waffen und Soldatenhelme. Was ist geschehen?

Lakshmana gibt seinem Pferd die Sporen und nähert sich im Galopp dem bunten Treiben. Dann springt er vom Pferd, versteckt es hinter einem Busch und schlendert gemütlich zu einem Trupp schwatzender Soldaten.

Es dauert nicht lange, bis er dem Geheimnis des riesigen Menschenauflaufs auf den Grund gekommen ist. Hocherfreut und zugleich beschämt wegen seines Misstrauens gegenüber dem Affengeneral sprengt er zur Stadt. Er braucht nicht lange zu suchen. Hanuman und Lakshmana schließen sich lachend in die Arme.

Zusammen suchen sie Sugriva auf. Dieser teilt ihnen nach einem kurzem Begrüßungsgespräch mit, dass er alle Soldaten beisammen habe und dass er morgen mit dem ganzen Heer und ihnen beiden Rama aufsuchen werde, um ihn freudig zu überraschen und ihm die mächtige Streitmacht zu zeigen.

Rama weiß von alledem nichts. Kein Bote kommt aus der Stadt, um ihm von seinem Bruder zu berichten. Missmutig sitzt der Alleingelassene auf einem Felsblock vor seiner Höhle, hat den Kopf auf seine Hände gestützt und starrt vor sich hin.

„Wäre ich doch meinem Bruder gefolgt", stöhnt er unvermittelt auf, „ich kann das Warten in dieser Einsamkeit kaum noch ertragen."

Der kleine Affentrupp bei ihm sorgt zwar für sein körperliches

Wohlergehen, aber hält sich sonst von dem fremden Gast fern. Außerdem beherrschen die einfachen Soldaten nur ihre eigene Sprache, welche Rama nicht versteht. „Soll ich mich auf den Weg machen, um meinen Bruder oder den Affengeneral zu suchen?" Es zieht ihn so gewaltig weg von diesem Ort, aber er weiß, dass er versprochen hat zu bleiben. „Was wird geschehen, wenn Hanuman oder Lakshmana zurückkommen, und ich bin nicht da?" Nein, er muss bleiben, wenn es auch noch so schwer fällt.

Da, ein Geräusch ganz in der Nähe: Ein großer Vogel fliegt auf. In weiten Kreisen schwingt er sich in die Höhe und gleitet nun langsam abwärts. Ramas Blicke folgen dem Tier und senken sich mit ihm hinab auf die Ebene. Mit einem Mal erkennt er eine Veränderung: Auf dem schmalen Band der Straße dort unten zieht etwas heran.

Er springt aufgeregt auf und beobachtet die Bewegung. Auch seine Begleiter sind aufgesprungen und starren mit ihm in die gleiche Richtung. Allmählich erkennen sie, dass sich ihnen ein gewaltiges Heer nähert. Was ist geschehen? Ist sein Erzfeind Rahwana mit seinen Truppen auf dem Weg zu ihm? Gebannt folgen ihre sorgenvolle Blicke jeder Veränderung.

Eine der Wachen beginnt plötzlich laut zu rufen und freudig mit den Armen zu winken. Er hat für einen kurzen Augenblick das königliche Wappen auf der riesigen Standarte Sugrivas entdeckt. Sogleich ist aller Schreck verflogen und hat freudiger Erwartung Platz gemacht. Rama erkennt die goldene Sänfte Sugrivas, die die Soldaten keuchend den Berg hoch schleppen. Dann erblickt er Sugriva darin und neben ihm Lakshmana. Vor der Sänfte reitet in seiner Generalsuniform Hanuman und winkt übermütig mit seiner Lanze zu ihnen hinauf. Nun sind sie in Reichweite. Rama stürzt ihnen entgegen: Umarmungen, Händeschütteln, Lachen und Rufen. Vergessen sind die endlosen Tage des Wartens.

„Sugriva, mein königlicher Freund, Ihr habt nur meinetwegen jetzt der lang entbehrten Freuden am Hofe entsagt, wohl wissend, dass der Herrscher, welcher sich des ungehemmten Vergnügens hingibt und seine Pflichten vernachlässigt, dem Schläfer auf einem Baum gleicht, der erst erwacht, wenn er zu Boden fällt", preist Rama seinen gerade angekommenen Gast.

In schwieriger Mission

Die Anführer ziehen sich zur Beratung in die Höhle Ramas zurück. Voll Zuversicht begibt man sich ans Werk, Rahwana, den Inbegriff des Bösen, zu zerstören und Sita zu befreien.

Schnell ist man sich einig. Man will ganz sicher wissen, wo Rahwana sich gerade aufhält. Deshalb beschließt man, in alle vier Himmelsrichtungen Erkundungstrupps auszusenden, die den Feind aufspüren und hernach eilends zum Bericht zurückkehren sollen. Schon bei Anbruch des nächsten Tages verabschieden sich die Späher und versprechen, spätestens nach einem Monat wiederzukommen.

Da Rama den Feind in südlicher Richtung vermutet, erteilt er Hanuman den Auftrag, diese Richtung bei seiner Suche einzuschlagen. Falls es ihm gelinge, Sita zu entdecken und mit ihr Kontakt aufzunehmen, solle er ihr als Erkennungszeichen den Lieblingsring Ramas übergeben. Noch lange winkt er den scheidenden Freunden nach. Der Neffe Sugrivas befindet sich unter ihnen.

Mit frohem Mut macht man sich auf den Weg. Hanuman gibt immer wieder die Richtung an. Einige kleine Spähtrupps dringen vor, und die Hauptstreitmacht rückt in gebührender Entfernung hinterher. Man hat nur das notwendigste Gepäck mitgenommen, nur die leichten Waffen als Schutz vorgesehen, damit der Marsch durch die Wildnis möglichst gut voran kommt. Unterwegs trifft man immer wieder umherstreifende Jäger und Bauern, die man nach Rahwana fragt, aber diese haben nur ein Kopfschütteln oder ein Achselzucken für die Neuankömmlinge übrig. Die Tage vergehen wie im Flug. Man ist schon ein gutes Stück vorangekommen. Aber der Spähtrupp entdeckt nicht die geringste Spur. Sie gelangen in eine wildreiche Gegend, so dass sie wenigstens keinen Hunger erleiden. Wasser ist in dieser feuchten Gegend genügend vorhanden. Die Tage vergehen, man entdeckt nichts. Hanuman treibt seine Leute zu größter Eile an. Die für die Erkundung vorgesehene Zeit nähert sich erschreckend schnell ihrem Ende. Schließlich ist es soweit: Ein Monat ist vergangen. Sie haben Rama und Sugriva versprochen, in dieser Zeit zurück zu sein.

Doch Hanuman kümmert sich nicht darum. Ohne Ergebnis will er nicht umkehren. So hasten sie mit letzten Kräften durch den

Dschungel und suchen, suchen. Mit sorgenvollen Gesichtern schauen die Soldaten Hanuman an: „Was wird der König sagen, wenn wir viel zu spät zur Stelle sind, gar ohne Ergebnis?“ Hanuman hat keine Zeit für solche Überlegungen, er ist von dem Gedanken besessen, Rahwana zu finden. Er kann und will weder seinen König noch seinen Freund Rama enttäuschen. Er weiß, dass alle Hoffnungen auf ihm ruhen.

So treibt er seine Männer vorwärts, bis sie schließlich aus der Ferne Meeresbrandung hören.

Sie gelangen auf eine große Lichtung. Erschöpft lassen sich die Männer zu Boden fallen und verschnaufen. Wie tot bleiben sie eine Weile liegen.

Der Neffe Sugrivas erhebt sich und wankt mit letzten Kräften zu Hanuman: „General, wie lange soll das so noch weiter gehen? Du weißt genau, wie sehnlichst wir in unserer Heimat erwartet werden. Mein Onkel wird böse sein, weil wir die von ihm vorgegebene Zeit nicht eingehalten haben. Kehren wir zurück, wird er uns in seiner Wut töten. Es ist doch völlig unnütz, wenn wir jetzt weiter in der Gegend herumirren. Es ist alles aus. Ich lege mich hier auf den Boden nieder, faste und erwarte mit meinen Kameraden einen friedlichen Tod.“ Vor Angst geschüttelt überhäuft er seinen General noch mit weiteren Worten der Verzweiflung.

Hanuman bleibt ruhig. Dann antwortet er gelassen: „Wenn du jetzt hier bleibst, werden deine Kameraden zunächst bei dir bleiben, dann werden sie an ihre Familien denken und dich im Stich lassen. Glaubst du, dass Lakshmana und Rama dich hier nicht finden werden? Du kannst ihren Pfeilen nicht entfliehen, wenn sie dich töten wollen. Das Einzige, was meine Freunde von uns erwarten, ist weitersuchen.“

Aber die Verzweiflung des jungen Mannes ist übergroß. Er hat allen Mut verloren und lässt sich wie die anderen apathisch nieder, um sein Ende abzuwarten. Seinen Blick hat er in sich gesenkt, nicht achtend auf die majestätische Größe des Meeres, dessen Wogen unermüdlich gegen die Küste unter ihnen donnern. Sein Ohr hat er verschlossen vor den Worten seines Freundes und Vorgesetzten. Sein Geist ist dumpf und schwer. Nebel der Niedergeschlagenheit umhüllen ihn mit tödlicher Kälte.

Hanuman sieht, dass der Neffe am Ende seiner Kräfte angelangt ist. Zu schwer war der lange, gehetzte, vergebliche Marsch. Eine längere Rast ist jetzt angesagt.

Hoch in den Lüften zieht ein großer Geier seine Bahn. Er hat schon lange seine Beute tief unten erspäht, die seinen Hunger stillen wird. Einen Affen nach dem anderen wird er genussvoll verspeisen.

Plötzlich fängt sich unter ihm ein Tier an zu regen. Es beginnt leise zu sprechen. Der große Vogel gleitet auf einen Felsen zu, lässt sich unbemerkt nieder und lauscht. Deutlich vernimmt er die Klagen des Affen: „Oh, jetzt werden wir hier für Rama sterben. Wie viele haben für ihn schon ihr Leben geopfert.“ Der Geier hört die Namen vieler Getöteten, darunter auch den Namen seines Bruders, des Geierkönigs Jatayu.

„Ob dieser Affe weiß, wie mein Bruder zu Tode gekommen ist? Ich habe zwar davon Kunde erhalten, dass er tot ist, aber wie er gestorben ist, habe ich bisher nicht erfahren.“ Seinen Hunger vergessend landet der Geier Sampati mit schrillem Schrei zwischen den am Boden liegenden Affen.

Die schrecken auf, springen zur Seite. Schon hat Hanuman seinen gespannten Bogen hoch gerissen und gegen ihn gerichtet. „Halt, halt!“, ruft der Geier, „ich bin in guter Absicht zu euch gekommen!“

Er stellt sich vor, berichtet von sich und erfährt von seinen Zuhörern, die langsam zu ihm Vertrauen fassen, mehr und mehr Einzelheiten vom Tode seines Bruders.

Nach einer Weile des Schweigens ergreift Sampati tief bewegt wieder das Wort: „Ich möchte, dass der Mörder meines Bruders bestraft wird, und werde meinem Freund Rama und euch helfen. Ich verrate euch den Schlupfwinkel, wo sich Rahwana mit Sita aufhält. Auf der Insel Lanka, mitten im Meer, 400 Meilen südlich von hier, hat er sich seinen Palast gebaut. Ich habe noch die Schreie von Sita in den Ohren, als der Dämonenfürst mit seinem Himmelswagen hier vorbei raste.“

Mit einem Mal hellen sich die eben noch so verzweifelten Gesichter auf. Die Männer springen auf: „Lasst uns sofort los eilen, um den Bösewicht zu stellen!“ Nun ist es Hanuman, der zur Besonnenheit und Ruhe mahnt: „Wir wollen uns erst im Schlaf kräftigen. Bald bricht die Dunkelheit an. Morgen früh wollen wir uns mit aller Vorsicht auf den Weg machen."

So geschieht es. Nach einem ausgiebigen Frühstück legt man noch einmal die Richtung fest und marschiert im Schutz dichter Bäume los. Eine Weile zieht der Geier hoch über ihnen seine Kreise und verschwindet mit einem Abschiedsschrei. 400 Meilen müssen bewältigt werden, dazu noch im unwegsamen Gelände, aber keiner verspürt mehr Müdigkeit. Zu groß ist die Erwartung und lässt alle Strapazen vergessen.

Endlich hat man nach vielen Tagen die Küstenstelle erreicht, von der aus man in weiter Ferne die Umrisse der Insel Lanka erahnen kann. Man ist am Ziel. Aber wie sollen sie unbemerkt zur Insel gelangen? Wieder hält Ratlosigkeit bei den Soldaten Einzug. Selbst Hanuman weiß nicht, wie es weitergehen soll.

Seine Freunde beginnen in neuer Verzweiflung zu jammern und zu klagen. „Gebt euch niemals der Erregung hin, sie wird euch überwältigen und verschlingen wie die Schlange das Kind. Nur der Besonnene erreicht sein Ziel", mahnt der weise General.

So schlägt man zunächst ein Lager in einer Höhle auf und wartet auf den nächsten Tag. Vielleicht bringt er die Lösung.

Noch in der Nacht werden die Männer von einem gewaltigen Getöse geweckt. Sie taumeln aus ihrem Versteck und werden fast zu Boden geworfen. Ein gewaltiger Sturm tobt über das Land, biegt die Bäume zu Boden und lässt die Äste krachend zerschmettern.

Plötzlich erschallt die gewaltige Stimme Hanumans, die selbst das Brausen des Orkans übertönt. „Das ist ein Zeichen des Himmels für mich. Ich weiß jetzt, wie ich die Insel morgen erreichen werde. Freunde, versucht zu schlafen!"

Die Männer verkriechen sich wieder hinter den schützenden Felswänden, aber an Schlaf ist nicht mehr zu denken, zu sehr beschäftigt sie der Gedanke, was der nächste Morgen wohl bringen werde.

Beim ersten Tageslicht gewahren sie von ihrem Nachtlager aus ihren Anführer schon bei der Arbeit. Er eilt zu den Gepäckstücken, kramt darin herum und holt etwas heraus. Danach eilt er in den Wald. Sie hören das Brechen von Zweigen. Immer wieder kehrt Hanuman zurück, geht mit den ausgepackten Sachen nach draußen, verbindet sie mit den Stöcken. Was mag ihr Anführer wohl vorhaben?

Die Krieger erheben sich nun von Neugierde geplagt, eilen vor die Höhle. Sie sehen einen Haufen übereinander liegender Gewänder und ein seltsames Gestell aus dünnen, zusammengebundenen Zweigen.

Ehe sie eine Frage stellen können, hat Hanuman das Wort ergriffen und verkündet stolz, dass er sein Werk vollendet habe. Sie versuchen, ihn auszuhorchen. Er bleibt verschlossen und heißt sie, in Ruhe abzuwarten. Sie merken, dass es keinen Zweck hat, weiter auf ihn einzudringen, und bereiten das Frühstück vor. Erst jetzt wird ihnen bewusst, dass der starke Sturm nachgelassen hat.

Ein stetiger Wind bläst stattdessen in Richtung Lanka. Nachdem sich alle gestärkt haben, erhebt sich Hanuman: „Ich werde euch jetzt verlassen und mit Hilfe meines Vaters, dem Gott der Winde, nach Lanka eilen, um das Versteck genau auszukundschaften." Die Affen schauen sich verblüfft an. Wie soll das geschehen?

Statt eine Antwort zu geben, eilt Hanuman auf das Bündel Kleider zu, breitet es auseinander, und die Kameraden sehen, dass ihr Anführer alle einzelnen Stücke zu einer großen Stoffbahn zusammengebunden bzw. zusammengenäht hat. Er winkt ihnen zu und heißt sie, ihn zu begleiten und beim Tragen behilflich zu sein.

Der Trupp steigt so beladen einen hohen Berg hinan. Oben angekommen bindet Hanuman das große Tuch auf das Stockgestell, prüft die Festigkeit, verabschiedet sich von seinen Freunden, springt in die Höhe und schwingt sich mit seinem Gleitdrachen vom Berggipfel in die Lüfte. Wie ein riesiger Göttervogel schwebt er dahin, laut rufend, in Richtung Lanka davon gleitend und dann immer kleiner werdend.

Die Männer sind von diesem Schauspiel völlig überrascht. Ihnen hat es die Sprache verschlagen. So starren sie dem dahin schwindenden Wunder wortlos nach. Schließlich findet einer seine Worte wieder: „Ich habe unserem General ja schon viel Außergewöhnliches zugetraut, aber dies übertrifft jede Vorstellung." Wohlgemut kehren die Soldaten in ihr Lager zurück. Nach dieser Tat sind sie gewiss: Hanuman wird auch seine übrigen Aufgaben meistern.

Buch V
HANUMAN ALS SPION

Rahwana

Hanuman fühlt sich in den Armen seines Vaters, dem Gott des Windes, sicher und weiß, dass er Lanka erreichen wird, trotz aller Gefahren, die sich ihm währenddessen in den Weg stellen.

Endlich sieht er in Wolken gehüllt tief unter sich die grüne, fruchtbare Insel Lanka. Mit großen Kreisen gleitet er wie ein Raubvogel auf einen Berg zu und landet dort mühelos. Schnell versteckt er sein Fluggerät im dichten Laub des Dschungels. Kein Mensch hat ihn hier draußen entdeckt. Wie sollte auch jemand auf den Gedanken kommen, in diesem adlergleichen Gebilde einen Affen zu vermuten. Vorsichtig klettert er abwärts, zwängt sich durch das dichte Baumgestrüpp und bleibt mit einem Ausruf des Erstaunens stehen.

Unter ihm liegt die gewaltige Hauptstadt des Rahwana-Reiches. Im hellen Tageslicht leuchten die goldenen Dächer wie Sonnen. Mächtige Stadtmauern, überragt von trotzigen Türmen, rahmen den Glanz ein. Auf den Zinnen der Mauern funkeln die Waffen und Helme der Wachsoldaten. In der Mitte der Stadt erhebt sich drohend die riesige Burg. In den Straßen wimmelt es von bunt und prächtig gekleideten Menschen. Der Affengeneral wagt sich noch ein wenig näher an dieses gewaltige Spektakel heran. Nur zu gerne hätte er all die herrlichen Dinge jetzt von Nahem bestaunt, doch er darf sich nicht leichtsinnig in die Gefahr begeben, erkannt zu werden. So beschließt er, die Nacht für seinen Erkundungsgang abzuwarten.

Endlich ist es dunkel. Er erspäht einen Weg, der geradewegs in Richtung Stadt führt. Munter marschiert er im Schutz der Nacht los. Plötzlich brechen neben ihm Zweige. Er hält erschrocken inne und erkennt die Schemen einer Schar Affen, die laut kreischend seinen Weg kreuzt. „Nur gut, dass es hier auch Affen gibt“, denkt er, „dann falle ich weniger auf.“ Schon erreicht er die ersten Häuser außerhalb der Stadtmauer.

Vorsichtig passiert er sie. Dann bleibt er jäh stehen. Vor ihm kommt aus dem Finstern eine gewaltige Gestalt auf ihn zu, hält inne, wird noch größer und bedrohlicher und baut sich wie ein Berg vor ihm auf. Das Ungetüm beginnt zu sprechen: „Fremder Waldbewohner, was willst du hier so spät in unserer Stadt?“ Hanuman antwortet ganz ruhig und wahrheitsgemäß: „Ich möchte mir die Stadt anschauen, von der ich so viel Bewunderswertes vernommen habe.

Danach werde ich wieder nach Hause gehen.“ „Von wem hast du die Erlaubnis dazu?“, krächzt das Monster. Nun entgegnet Hanuman: „Sag mal, wer gibt dir eigentlich das Recht, harmlose Spaziergänger anzuhalten und ihnen den Zugang zur Stadt zu verwehren?“

Erst jetzt merkt er, dass er ein riesiges, unförmiges Weib vor sich hat. Die Alte kreischt mit heiserer Stimme: „Ich bin die Hüterin der Stadt, eine Dämonin, die von unserem König Rahwana den Auftrag erhalten hat, keinen ohne Regierungserlaubnis in die Stadt zu lassen. So, jetzt verschwinde, du elender Wicht!“ Sie streckt ihre Hand aus, um den Eindringling zu schlagen und davon zu jagen.

Der General hält die Hand einfach fest und stößt ihr mit seiner eisenharten Faust in die Seite. Von diesem mit unerwarteter Kraft geführten Fausthieb getroffen stürzt die Dämonin zu Boden, beginnt vor Schmerzen zu wimmern und um Gnade zu flehen.

Voll Verwunderung hört der General ihre Worte: „Es gibt hier eine Weissagung, wenn ich von einem Affen besiegt werde, werden alle Dämonen der Stadt diesen Affen in Ruhe lassen. Er wird unbelästigt in der Stadt ein- und ausgehen können. Mit diesem Affen wird der Untergang der Herrschaft des Bösen eingeleitet und die schöne Sita aus ihrer Gefangenschaft befreit werden.“

Von solch gutem Omen begleitet macht sich der tapfere Recke auf in die Stadt. Er macht sich ganz klein und huscht unbemerkt an den Wachsoldaten vorbei, die dem Äffchen keine Beachtung schenken.

Er gelangt auf den sauberen Straßen ins Innere der Stadt. Fackeln an den Hausecken erhellen den Weg. Selbst im Dunkel erglühen die Edelsteine an den Häusern und künden vom Reichtum ihrer Eigentümer. Viele Menschen halten sich noch lachend und trinkend in den Wirtshäusern auf.

Aber für all die Pracht, all den Reichtum hat Hanuman kein Auge. Er sucht nur Sita. Dafür hat er bisher all die Gefahren und Mühen auf sich genommen. Besessen von diesem Gedanken späht er durch die Fenster eines jeden Hauses, aber er kann die Gesuchte nicht entdecken. Nun steigt er zum Schloss hinauf. Vorsichtig klettert er auf Dächer und Mauern und blickt in die erleuchteten Innenräume. Er sieht sogar Rahwana in seinem Harem, umgeben von den schönsten und verführerischsten Mädchen, die ihn betören und verwöhnen. Nur Sita findet er nicht. Er schweift durch die ganze Stadt, durchsucht jedes Haus, jeden Palast, vergebens.

Sollte Sita gar nicht hier sein? Hat der Böse sie gar irgendwo anders versteckt? Der erst so zuversichtliche General beginnt zu zaudern. Aber er muss seinen Auftrag erfüllen. Nur jetzt nicht schwach werden. Die ganze Nacht ist er auf den Beinen – vergebens.

Er gibt nicht auf und sieht im ersten Tageslicht einen wunderschönen Park vor den Mauern der Burg. Hier will er ein wenig rasten, bevor er weiterforscht. Ermüdet klettert er auf einen Baum, und seine Augen fallen ihm zu.

Doch mit einem Mal ist er wieder hellwach. Er hört eine wunderschöne Frauenstimme; sie klingt strahlend und weich wie eine Glocke. Er lugt durch die Zweige nach unten. Unter ihm sitzt eine mädchenhafte Frau von einer solchen Anmut und Schönheit, dass es ihn heiß durchfährt: „Das kann nur Sita sein."

Vorsichtig hangelt er sich etwas tiefer, immer auf Deckung bedacht und kann nun ihre Worte verstehen. Sie spricht mit einer Gruppe hässlicher, fetter Weiber, die sich um sie geschart hat. „Das müssen die Wächterinnen sein", denkt er. Dann hört er sie wieder: „Oh, wäre ich doch bei meinem Rama. Er ist so fern von mir und weiß nicht, wo ich bin. Gewiss wird er an mich denken und traurig sein. Und das alles nur, weil ich seinen Bruder Lakshmana fort gejagt habe, um ihn zu suchen. Hätte ich doch nicht meiner Angst nachgegeben." Die Klageworte gehen Hanuman sehr zu Herzen, und der hartgesottene Krieger würde am liebsten mitweinen. Aber er darf sich nicht zu erkennen geben. So schweigt er und harrt der Dinge.

Er braucht nicht lange zu warten. Energische Männerschritte knirschen im Kies und nähern sich rasch den Frauen. Selbst Hanuman erschrickt, als er Rahwana erblickt.

Dieser beginnt nun, mit den süßesten Versprechungen auf Sita einzureden. Er versucht, ihre Hand zu greifen. Sie zieht diese barsch zurück. Rahwana verlegt sich aufs Flehen und Bitten. Sita wendet sich von ihm ab. Seine Stimme umschmeichelt Sita weich und mild mit einer Wolke aus Wohlklang und Sanftheit. Sita stellt ihr hartes Lachen der Ablehnung dagegen. Er richtet sich in seiner ganzen Größe und Pracht vor ihr auf, zeigt seinen männlichen Charme. Ihn nicht beachtend redet Sita mit den Frauen. Nun verlegt er sich aufs

Drohen: „Wenn du dich mir nicht innerhalb zweier Monate hingibst, werde ich dich grausam töten lassen! Mache dir das klar und rufe mich, bevor es zu spät ist!“

Im Sturmschritt stampft Rahwana davon und hinterlässt eine weinende Sita, die sich in Sehnsucht nach ihrem Mann verzehrt.

Die Begleiterinnen versuchen nun, Sita zu überzeugen, dass es sinnlos ist, für Rama in den Tod zu gehen. „Dein Mann weilt in der Ferne, er wird dich nie mehr sehen, er weiß nicht einmal, wo du bist. Vielleicht hat er dich sogar schon vergessen. Es gibt bei ihm so viele schöne Mädchen, die nur auf seine Liebe warten.“

Sita schüttelt traurig, aber entschlossen ihr Haupt. Sie wird ihrem Mann nie untreu werden. Stumm sitzt sie da. Trauer hat ihre Worte versiegen lassen. Tränen rinnen über ihr ebenmäßiges Antlitz.

„Was sollen wir noch bei diesem stummen, kalten Fisch?“, lachen die dämonischen Wächterweiber und vergnügen sich auf einer etwas entfernteren Wiese mit Ballspiel.

Für Hanuman ist es klar: „Jetzt ist meine Stunde gekommen. Sita ist allein. Jetzt muss ich vor ihr erscheinen, um ihr von Ramas Plänen zu berichten. Aber wie? Springe ich zu ihr hinab, wird sie erschrecken. Rede ich mit süßen Tönen auf sie ein, wird sie denken, Rahwana habe mich geschickt, um sie mit List zu betören.“ Er verfällt in Nachdenken.

Als lustiger Affe springt er behände vom Baum. Er spielt in ihrer Umgebung herum, kommt langsam näher und beginnt dann ganz leise, mit liebevoller Stimme Rama zu preisen. Sita horcht auf: „Was hat dieser Affe? Woher kennt er meinen Mann?“ Dann erfährt sie Dinge, welche nur ihr Mann und sie selbst erlebt haben. Freude durchschießt sie. Sie wendet sich nun ganz dem Affen zu. Sie sprechen ungestört miteinander. „Kunde von Rama“, stammelt sie. Als ihr Hanuman den Ring Ramas als Erkennungszeichen reicht, kennt Sitas Freude keine Grenzen. Der Affe muss sie eilends beschwichtigen. Zu groß ist die Gefahr, entdeckt zu werden. Dann schlägt er ihr vor, mit ihm heimlich zu entfliehen. Er erzählt ihr, wie er nach Lanka geflogen ist. „Komme mit mir durch die Luft zu Rama!“

„Was ist, wenn ich von deinem Gefährt herunter falle? Dann werden mich die Krokodile oder Haifische fressen, und Rama hat wirklich seine Frau für immer verloren. Nein. Nein. Außerdem soll

Rama mich befreien und sonst kein anderer. Ihm allein soll ungeteilt der Ruhm meiner Befreiung zufallen. Vor allem ist er der Einzige, der Rahwana töten kann und dazu von den Göttern den Auftrag hat", gibt Sita zur Antwort.

Hanuman muss das einsehen. Schweren Herzens nimmt er eine Perle von Sita in Empfang und verspricht ihr, diese Rama als Zeichen zu überbringen. Es nähern sich Schritte. Mit einem Sprung ist der Affe auf und davon. Nur mit Mühe kann Sita ihre Freude verbergen und wartet von jetzt an nur noch auf ihre baldige Befreiung vom Bösen.

Hanuman ist jedoch nicht weit geflüchtet. Am Rande des Parks hat er sich auf einen Baumwipfel gesetzt, schaukelt im Winde und denkt nach: „Zwei meiner Aufgaben habe ich jetzt erfüllt: Ich habe Sita die Botschaft Ramas überbracht und Burg und Stadt genau ausgekundschaftet, damit Rama später seinen Angriff richtig planen kann. Eigentlich könnte ich jetzt zurückkehren, aber ich möchte noch etwas tun, was kein üblicher Spion, sondern nur ich kann."

Er springt in die Mitte des Parks, richtet sich in seiner ganzen Größe auf und beginnt, mit Donnergebrüll die kostbaren Anlagen zu zerstören. Er reißt eine Säule aus dem Tempel heraus und zerschlägt mit ihr das ganze Gebäude. Er rüttelt an den Baumriesen und biegt sie so lange zu Boden, bis sie mit gewaltigem Krachen zersplittern. Er reißt Steine aus den Umfassungsmauern und wirft sie nach den gezähmten Tieren, die laut kreischend und brüllend davon jagen.

Dieser gewaltige Lärm bleibt natürlich nicht unbemerkt, zumal der Park im Bereich der Stadt liegt. Die Parkwächter, gewaltige und hässliche Dämonen, stürzen herbei, um den wütenden Affen an seinem Zerstörungswerk zu hindern.

Gerade darauf hat Hanuman schon gewartet. Er stellt sich ihnen entgegen, ergreift sie mit Berserkergriff und drückt sie tot. Immer mehr Dämonen eilen herbei. Vergeblich. Bald ist der Park mit toten Ungetümen übersät.

Das vernimmt natürlich auch Rahwana. In aller Hast wirft er seine gerade verfügbaren Truppen gegen den Wüterich. Hanuman zerfetzt auch diese mit ihren Anführern, tötet sogar die Söhne von fünf Ministern.

Nun erhebt sich ein Wehgeschrei in der Stadt. Beim Anblick der vielen Toten bricht Panik aus. Rahwana schickt in höchster Not seinen jüngeren Bruder aus und bewaffnet ihn mit dem göttlichen Speer Brahmas.

Unerschrocken eilt der Recke in den Park, legt an, zielt und trifft Hanuman an der Brust. Die Waffe ist mit einem Betäubungsmittel versehen, und der Affengeneral gleitet ohnmächtig zu Boden.

Mit lautem Jubelschrei stürzt sich die Dämonenhorde auf ihn und fesselt ihn mit dicken Stricken. Laut grölend schleppen sie ihn so vor den Thron Rahwanas. Mittlerweile hat der Affe sein Bewusstsein wiedererlangt, lässt sich aber nichts anmerken. Als er vor Rahwana steht, staunt er über die Pracht, die diesen König des Bösen umgibt. Wäre er nicht um Ramas und Sitas willen hier, würde er vielleicht bleiben, geblendet vom Glanz des Hofes und den verlockenden Reizen der exotischen Sklavinnen. In Sekundenschnelle hat er diesen Gedanken beiseite gewischt.

So steht er nun stolz vor dem König und fordert die Freilassung Sitas. Über so viel Frechheit beginnt Rahwana zu lachen und zu spotten. Aber davon zeigt sich der Affengeneral unbeeindruckt und fordert die Freiheit Sitas umso mehr. Wütend stürzt sich der König auf den Gefesselten, um ihn zu töten. Da springt der jüngere Bruder dazwischen: „Haltet ein! Tötet die, die diesen Mann gesandt haben und nicht den Boten, der durch sein Amt von den Göttern geschützt ist!"

Rahwana winkt seine Diener herbei. Sie kommen mit in Öl getränkten Lappen und umwickeln Hanumans Schwanz damit. Andere Männer schwingen brennende Fackeln, und Rahwana entfacht ein gewaltiges Feuer an Hanumans Hinterteil, um ihn qualvoll sterben zu lassen. Bis jetzt hat der starke Affe als Gefangener im Palast nur seine Schwäche gezeigt. Angespornt durch die Schmerzen und verletzt durch den Hohn holt er nun ganz tief Luft. Sein Körper weitet sich wie ein Ballon und sprengt die Fesseln.

Mit gewaltigen Sätzen jagt er wie eine Furie davon. Flammen umhüllen den Körper des Rasenden. Mit ihnen stürmt der Held durch die Gänge des Palastes, durch die Straßen der Stadt. Überall flammen nun gewaltige Feuer auf, Menschen schreien in höchster Todesnot. Die ganze Stadt ist bald in ein gewaltiges Inferno verwandelt.

Mit triumphierenden Blick schaut der General auf das Werk seiner Verwüstung, eilt zum Meer und löscht das Feuer an seinem Körper.

Er hat Rahwana und dessen Gesellen seine Macht gezeigt, sie ernsthaft gewarnt und sie daran erinnert, was ihnen noch an Schrecklichem bei der Befreiung Sitas bevorsteht. Angst und Panik lähmen von nun an das Leben in Stadt und Palast. Aber Rahwana denkt immer noch nicht daran, Sita die Freiheit zu schenken. Im Gegenteil, durch diese Widrigkeiten steigert sich seine Gier nach der jungen Frau ins Unermessliche.

Voll Sorge sucht der Affengeneral nun Sita auf. Er findet sie unverletzt unter einem Ashokabaum, der sie mit seinem dichten Blätterdach vor dem Brand beschützt hat.

Sie nehmen kurz Abschied voneinander. Hanuman eilt in die Berge, wo er sein Luftgefährt versteckt hat. Es ist noch unversehrt. Er betet zu seinem Windgottvater um richtigen Wind und schwingt sich zur Heimkehr in die Lüfte. Stolz über die Erfüllung seines Auftrags segelt Hanuman hoch über dem Meer dahin. Sein Vater kann mit ihm zufrieden sein und wird ihn daher sicher nach Hause tragen. Wie werden sich Rama und die Seinen freuen.

Der Heimkehrer genießt die Schönheit der sich immer wieder neu bildenden Wolkentürme. Er winkt einigen Möwen zu, die ihn begleiten, hört den ruhigen Wogenschlag des Meeres unter sich und erspäht in der Ferne die mit Schaum bekränzte Küste.

Dann erkennt er das Lager seiner Soldaten und schwebt im großen Bogen auf sie herab. Seine Freunde stürmen auf ihn los. Sie haben ihn schon von weitem herannahen sehen. Als sie das fröhliche Gesicht ihres Anführers erblicken, eilen sie jubelnd auf ihn zu und begrüßen ihn überschwänglich.

Ein langes Fragen und Erzählen beginnt. Man sitzt zusammen, isst, trinkt, und das Reden will kein Ende nehmen. Es wird dunkel. Ein Lagerfeuer wird entzündet, und alle singen ausgelassen, bis schließlich Hanuman seine Männer daran erinnert, dass sie nicht zum Vergnügen hier sind, sondern morgen schon aufbrechen wollen, um möglichst schnell Rama und Sugriva die frohen Nachrichten zu überbringen.

Mit Scherzworten suchen die Männer ihre Schlafstätten auf und fallen gelöst und glücklich in einen erquickenden Schlaf.

Am nächsten Tag brechen die Krieger in aller Frühe auf. Man neckt sich mit munteren Rufen und freut sich, bald daheim zu sein. Hanuman schickt einige Boten voraus, um Rama schon vorab von der erfolgreichen Mission zu informieren.

Er selbst verbleibt beim Haupttrupp seiner Soldaten. Wenn sie auch noch ein tüchtiges Stück Weg für die Heimkehr vor sich haben, so vergessen sie doch bei ihren langen Märschen in Vorfreude alle Müdigkeit.

Jetzt ist Hanuman an der Reihe, sie vor überhasteter Eile zu warnen, damit alle wohlbehalten ankommen.

Endlich ist es soweit. Die Familien und Freunde fallen sich in die Arme. Es gibt so viel zu erzählen, und ausgelassen feiert man auf den Straßen die freudige Rückkehr.

Buch VI
RAMAS AUFTRAG

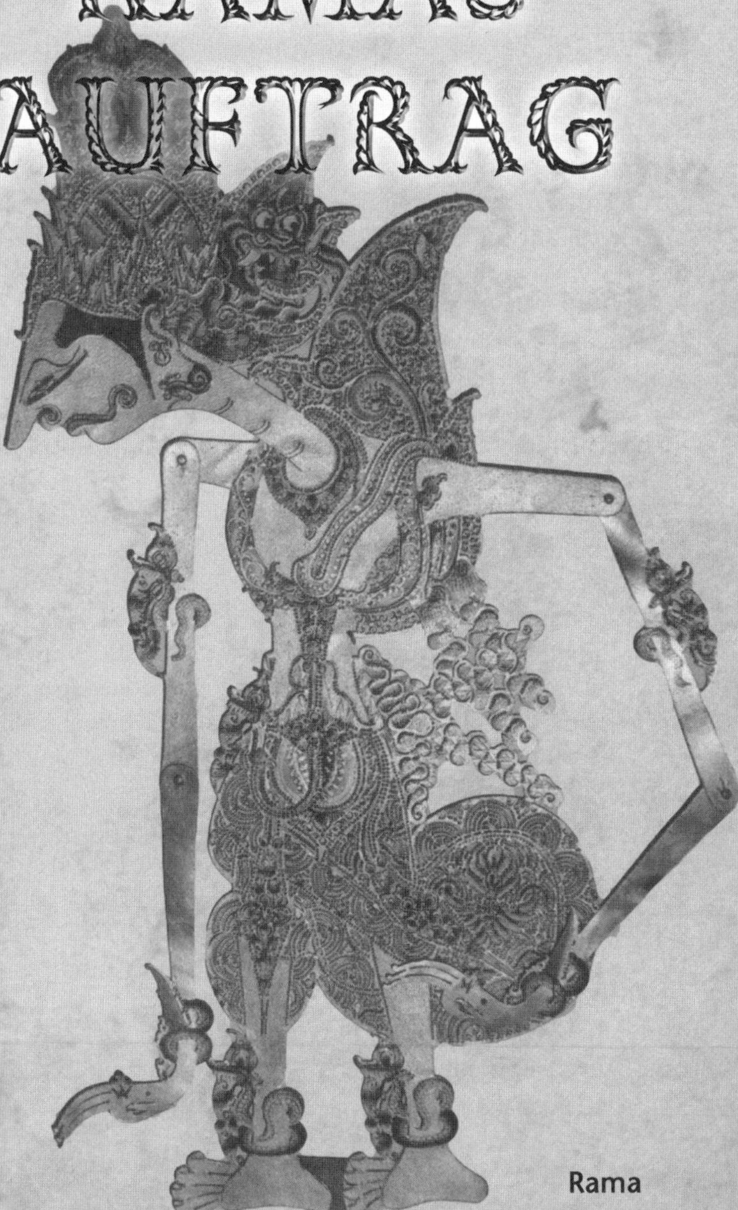

Rama

Rama bereitet sich auf seinen göttlichen Auftrag vor

Während noch die Menschen in der Stadt Sugrivas die freudige Rückkehr ausgelassen feiern, sitzen die Befehlshaber der Affenarmee schon mit erhitzten Köpfen über den Karten, die nach den Angaben Hanumans angefertigt wurden, und diskutieren, wie man am besten vorzugehen habe, die Stadt Lanka zu erobern. Sorgfältig erwägen sie alle Möglichkeiten des Angriffs, überlegen den Transport der gewaltigen Armee, deren Verpflegung und die Gestaltung des Zeitrahmens. Man weiß, dass innerhalb von acht Wochen Sita befreit werden muss, will man sie noch lebend antreffen; denn Hanuman hat natürlich die Drohung Rahwanas gegenüber Sita im Park nicht vergessen und an Rama weitergegeben.

Als erste Maßnahme schickt man schon am folgenden Tag verschiedene Stoßtrupps aus, um den gesamten Hinweg abzusichern. Man befürchtet, dass die noch verbliebenen Dämonen des Feindes alle Wasserquellen unterwegs vergiften und die Früchte an den Bäumen vernichten könnten. Die Aufgabe dieser Vorausabteilung ist es, dies zu verhindern.

Ferner werden die einzelnen Truppenteile den verschiedenen Kommandeuren unterstellt, die Einsatzbereiche der Einheiten genau durchgesprochen und verteilt. Den Oberbefehl über die ganze Streitmacht und deren Aktionen hat Rama mit Hanuman an seiner Seite.

Nachdem riesige Wagenkolonnen mit Waffen, Munition und Proviant versehen sind, beginnt sich der gewaltige Heerzug in Bewegung zu setzen. Die Leute auf den Straßen winken ihren Lieben ein Lebewohl zu und wünschen ihnen Erfolg. Manche Abschiedsträne fließt, und die Tempel der Stadt beginnen sich mit Betern zu füllen.

Die Streitmacht legt wohlgemut und siegessicher die genau vorher festgelegten Etappen zurück. Nach vielen Tagen hat man den geplanten Küstenabschnitt gegenüber der feindlichen Insel unbehelligt erreicht. Alle wissen mit einem Mal, warum die Feinde sie bisher ungestört gewähren ließen. Die Soldaten schauen sich fragend an, wie soll man dorthin gelangen? Gar manchen wird Angst und Bange. Verzweifelt bleiben sie stehen. Was nun?

Sie schauen auf Rama und Hanuman. Die beiden winken gelassen und befehlen, das Lager aufzuschlagen. Nachdem diese Arbeit beendet ist, gehen sie gemeinsam einen Berg hinan. Oben angekommen rufen sie die Götter um Hilfe an. Sie wissen, dass sie sich auf deren Beistand verlassen können. Bald erscheint Hanumans Vater, der Gott des Windes, und befiehlt ihnen, einen gewaltigen Damm nach Lanka zu bauen, auf dem das Heer sicher hinüber gelangen kann. In dieser Zeit sollen die Winde für Niedrigwasser sorgen, so dass man unbehelligt von Wasser und Stürmen sein Werk verrichten kann. Außerdem wollen die Götter zusätzliche Arbeitskräfte bereitstellen. All das ist den beiden Männern ziemlich unverständlich und sehr schwer vorstellbar, aber sie vertrauen auf die göttlichen Worte und kehren zuversichtlich zum Lager zurück.

Diese Zuversicht belebt auch die verzagten Soldaten wieder, und als sie hören, dass man sich am nächsten Morgen schon bei Tagesanbruch zu einer anstrengenden Arbeit bereithalten und dazu ausgeschlafen sein müsse, lassen sich die Männer wohlgemut auf ihre Lager nieder.

Schon kurz nach Sonnenaufgang werden sie durch ein bisher nie gehörtes Lärmen aus dem Schlaf geweckt. Erschrocken eilen sie aus ihren Zelten nach draußen und bleiben verwundert stehen. Ein Gewimmel von großen und kleinen Tieren schleppt Steine, Erde, manche sogar ganze Baumstämme auf dem Rücken und lädt die Last an der Küste ab.

Die Soldaten springen hinzu und wollen sich durch den Arbeitseifer der Tiere nicht beschämen lassen. Bald ragt ein Stück Damm in das Meer hinein. Das Wasser hat sich fast ganz zurückgezogen, weil ein kräftiger Wind die Wogen auf das weite Meer hinaus schiebt. Tiere und Soldaten treiben gemeinsam dieses gewaltige Bauwerk voran immer weiter auf Lanka zu. Mancher Tag geht ins Land. Unermüdlich schaffen die Arbeitermassen und sind schon so nah am feindlichen Ufer, dass man die Menschen am Strand aufgeregt hin und her laufen sehen kann.

Jetzt ordnet Rama Soldaten ab, die Tag und Nacht das Wunderwerk der Anstrengungen bewachen und vor der Zerstörung durch Feinde schützen müssen. Dann ist es soweit.

Im Schutze der Nacht setzt das gesamte Affenheer nach Lanka

über. Rama lässt nur wenige Wächter, die das Lager sichern sollen, auf dem Festland zurück.

Als morgens die Bürger von Lanka neugierig zum Strand eilen, um den Fortgang des Bauwerkes zu beobachten, bleiben sie erschrocken stehen.

Da, wo gestern eine große Ebene zum Meer sanft abfiel, lagert ein riesiges Affenheer und verwehrt ihnen den Zugang. Nun ist es also soweit. Der Feind ist da.

In panischer Angst eilen die Bürger zur Burg Rahwanas und bestürmen ihn, nun endlich den Feind aus dem Land zu jagen. Aber der König lacht. Er vertraut auf seine Stärke und Macht: „Lasst diese Winzlinge doch kommen, je mehr, desto besser. Ich werde sie ohne jede Anstrengung zerschmettern. Umso größer wird mein Ruhm als Kriegsheld sein." So siegessicher sind die Einwohner von Lanka nicht. Zu viel Schreckliches haben sie in letzter Zeit erlebt.

Rahwana will seine Zeit nicht mit solchen Kleinigkeiten verschwenden. Er hat andere Sorgen. Er ist nur von dem einen Wunsch besessen, Sita zu besitzen. Alles andere ist für ihn doch nur eine völlig unwichtige Lappalie.

Eben hat er ein sicheres Mittel gefunden, seine Gefangene zum Nachgeben zu bringen. Er reibt sich die Hände vor teuflischer Freude.

Wie so oft hat er sich jetzt wieder bei Sita Einlass verschafft, bedrängt er sie mit seinem Werben. Sita schaut unbeeindruckt durch ihn hindurch in die Ferne, aus der sie ihren Rama erwartet. Rahwana lacht: „Du irrst dich, wenn du auf Rama wartest. Er wird nicht kommen, weil er nicht kommen kann."

„Welche Teufelei hat sich dieser Bösewicht jetzt wieder ausgedacht?", denkt Sita. Aber diesmal verschlägt es ihr wirklich vor Entsetzen die Sprache.

Ein Diener kommt herein und zeigt ihr das abgeschlagene Haupt ihres Mannes. Wie aus weiter Ferne hört sie die hohnlachende Stimme Rahwanas: „Rama ritt an der Spitze seiner Truppen, um dich zu befreien. Aber meine Dämonen waren stärker als er und haben ihn getötet. Jetzt kannst du meine Frau werden."

Tränen treten Sita in die Augen. Für einen Augenblick glaubt sie dem gefühllosen Scheusal. Kurz bevor sie schwindelnd zu Boden sinkt, bemerkt sie, dass dieser Kopf ohne Blut ist. Dann fährt es ihr jäh durch den Sinn: „Kann dieser Rama von einem Dämonen an der Spitze des Heeres so ohne weiteres getötet werden, dieser Rama, der bisher alle Gefahren gemeistert hat? Selbst wenn er in den Hinterhalt geraten wäre, so hätten doch seine Soldaten den Leichnam nicht einfach herausgegeben." Aber vor ihr liegt doch der Kopf. Sie schaut genauer hin und merkt, dass sie eine künstliche Nachbildung, das Haupt einer Puppe, vor sich hat.

Mit harter Stimme verhöhnt sie Rahwana und macht ihm klar, dass er sich nächstens etwas Besseres einfallen lassen soll, um sie zu täuschen. Über seinen Fehlschlag wutentbrannt stürmt der König davon.

Gerade rechtzeitig. Er wird von der angsterfüllten Menschenmenge draußen bedrängt, doch endlich etwas gegen die hereinbrechenden Feinde zu unternehmen. Erst jetzt kommt Rahwana wieder zu klarem Verstand, schiebt die leidenschaftlichen Gedanken an Sita zur Seite und widmet sich gänzlich dem Kampf.

Er schreit nach seinen Dienern. Sie eilen herbei. Er gibt ihnen den Befehl, auf der Stelle alle Befehlshaber und Minister herbeizurufen. Die Diener rasen los, und in Windeseile ist der große Audienzsaal der Burg von aufgeregten Soldatenscharen besetzt, welche lautstark durcheinander reden. Schnellen Schrittes kommt Rahwana herbei und ergreift ohne Zögern das Wort. Sofort herrscht Stille im Saal.

Der König verkündet voller Entschlossenheit, dass er sofort gegen den Feind antreten wolle, um ihn zu schlagen. „Ohne Vorbereitung können unsere Dämonen sich auf die Eindringlinge stürzen, sie vernichten oder mindestens so lange aufhalten, bis unsere Streitmacht aufgestellt ist. Wir dürfen uns nicht in der Stadt verschanzen. Hanuman, der Betrüger, hat sie so zerstört, dass eine vernünftige Verteidigung nicht mehr möglich ist. Die Stadtmauern sind durch den Brand weitgehend zerstört, genau wie unsere Befestigungsanlagen. Wir wollen nicht den Einzelkampf Mann gegen Mann. Wir suchen die offene Feldschlacht, dann können wir unsere magischen Kräfte besser gegen dieses Affengesindel ausspielen."

„Halt!", tönt plötzlich eine Donnerstimme durch den Raum. Alle Zuhörer wenden sich mit einem Ruck dem ungestümen Rufer zu.

Der jüngere Königsbruder, der vor kurzer Zeit schon einmal seinen älteren Bruder zur Besonnenheit und Vernunft gemahnt hat, hat sich kühn von seinem Sitz erhoben: „Rahwana, Ihr habt Euch widerrechtlich in den Besitz von Sita gebracht. Gebt diese frei, und ich bin sicher, dass Rama abziehen wird. Setzt nicht das Wohlergehen einer ganzen Stadt aufs Spiel, nur damit Ihr diese Frau bekommt, die Euch nicht gehört. Außerdem merkt Euch eins. Wenn schon der einzelne Affe Hanuman so viel Unheil anrichten konnte, wie wir es erleben mussten, um wie viel mehr wird ein ganzes Heer mit Rama an der Spitze zerstören können. Nehmt Vernunft an und verzichtet auf den Krieg!"

Zorngerötet brüllt Rahwana zurück: „Feige Memme, seid still! Wisst Ihr nicht, dass selbst die Götter mich im Kampf nicht besiegen können, weil sie damals so dumm waren, durch ihr Versprechen für alle Zeit darauf zu verzichten? Glaubt Ihr, dass ein elender Mensch vollbringt, was einem Gott verwehrt ist? Ha, ha, ha, Feigling, der sich vor Affen verkriechen will."

„Wenn das so ist und Ihr für meine Warnungen nur Spott übrig habt, so kann ich nicht mehr an Eurer Seite sein und die Stadt ins Unglück stürzen. Auch wenn Ihr mein Bruder seid, ich werde gehen", schleudert der jüngere Bruder dem Bösewicht entgegen und verlässt forschen Schrittes den Saal. „Wir werden später miteinander abrechnen!", hört er noch hinter sich her rufen. Aber das kümmert ihn nicht mehr. Er zieht seine ihm zugeteilten Soldaten zusammen, marschiert mit ihnen dem Affenheer entgegen und schließt sich ihm an.

Nach dieser Auseinandersetzung legt sich eine bedrückende Stille auf alle im Saale. Dann schickt Rahwana seine Dämonen zum Kampf, der mit dem frühen Morgen beginnt.

Der Kampf

Als die Dämonen sich am nächsten Tag mit lautem Geheul auf das eingedrungene Heer stürzen, werden sie von einem Pfeilhagel empfangen. Rama hat diesen Angriff erwartet, nicht zuletzt, weil er von dem jüngeren Bruder seines Feindes vorher gewarnt worden ist. Ein

Dämon nach dem anderen krümmt sich vor Schmerzen und fällt tot zu Boden. Der Rest ergreift im chaotischen Durcheinander die Flucht. Außer Atem gelangen viele von ihnen zur Berichterstattung zu Rahwana.

Dieser zögert nicht lange und schickt seinen eigenen Sohn in den Kampf, um die Truppen Ramas zu verjagen. Der Vater weiß, dass er das ohne Bedenken tun kann, denn er hat seinen Sohn mit einer fürchterlichen Waffe ausgestattet, einem gewaltigen Bogen, den die Götter ihm vor langer Zeit geschenkt haben. Mit dieser Waffe wird sein Kind die Entscheidung herbeiführen und als Kriegsheld gefeiert werden. Als Pfeilmunition dient ein ganzer Vorrat giftiger Schlangen, die sich in einem großen Köcher aus Korbgeflecht ringeln.

Der Bogenschütze nähert sich seinen Widersachern, entdeckt schon von weitem Rama und seinen Bruder Lakshmana, die in der vordersten Reihe zur Verteidigung bereit stehen. Nur diese beiden Kämpen sind sein Ziel. Die anderen Soldaten überlässt er den ihn begleitenden Dämonen. Er sendet seine Schlangenpfeile aus und trifft.

Rama und Lakshmana haben die Schlangen an ihrer Brust hängen. Die Tiere verbeißen sich in wilder Angst und verbreiten ihr Gift in den Körpern der Getroffenen. Mit lautem Aufschrei sinken die beiden Anführer bewusstlos zu Boden.

„Hurra!", jauchzen die Sieger der Dämonenarmee in unbeschreiblicher Freude. „Wir haben gesiegt!"

Doch plötzlich bleibt ihnen der Freudenschrei im Halse stecken. Sie sehen einen großen Adler, den mächtigen Garuda, den Reitvogel Vishnus, über dem Schlachtfeld kreisen. Er ist der größte Feind aller Schlangen. Mit schrillem Schrei stürzt er auf die beiden Verwundeten, macht sich über die Schlangen her und vertilgt sie. Mit vor Schreck geweiteten Augen sehen die Pfeilschützen, wie Hanuman mit großen Büscheln Heilkräutern herbeieilt und sie auf die Wunden der Verletzten legt. In kurzer Zeit erheben sich die beiden Ohnmächtigen und beginnen den Kampf aufs Neue. Ein Pfeilhagel trifft den Sohn Rahwanas und schickt ihn in den Tod. Als die Mitstreiter das erleben, versuchen sie, sich in rasender Flucht zu retten.

Rahwana ist vom Tod seines Kindes tief getroffen. Aber es gibt in diesem Kampf kein Zurück mehr. Nun muss er selbst in das von ihm so nicht erwartete Geschehen eingreifen und es zu seinen Gunsten wenden. Die Dunkelheit bricht herein und beendet für diesen Tag die Schlacht. Rahwana erwartet voll Ungeduld den nächsten Morgen, an dem sich alles entscheiden wird.

Kaum haben die ersten Sonnenstrahlen das Land in fahles Licht getaucht, da öffnet sich mit lautem Ächzen das einzige noch heil gebliebene Stadttor und ein gewaltiger Streitwagen donnert heraus. Erschrocken springen die Menschen zur Seite und erkennen Rahwana in goldverzierter Rüstung auf dem Gefährt, der in seinem starken Arm einen riesigen Bogen hält. Jeder weiß, die Schlacht nähert sich jetzt ihrem Höhepunkt.

Der Streitwagen rast mit gewaltigem Lärm auf die eingedrungene Armee zu. Wie Donnerschläge dröhnt das Hohnlachen des Bösen: „Freches Gesindel. Ihr wagt es, mir entgegenzutreten, mir, dem selbst die Götter nichts anhaben können. Wie vergilbte Blätter werde ich euch wegfegen und in den Müll werfen." Mancher Affe wird schreckensbleich beim Anblick des gewaltigen Streitwagens und schaut in Richtung Rama, der zu Fuß mit den übrigen Affen kämpfen muss. Was kann der Göttersohn gegen diese Macht des Bösen ausrichten?

Plötzlich wenden sich ihre Blicke in eine andere Richtung. Voller Staunen gewahren sie einen neuen Streitwagen, der im Licht der Morgensonne aufleuchtet, seine Goldblitze bis in das letzte nächtliche Dunkel treibt und das ganze Land mit himmlischen Licht überstrahlt. Die Affen brechen in Jubelrufe aus, als sie sehen, dass dieser Himmelswagen geradewegs zu Rama braust, der behände aufspringt. „Die Götter lassen Rama nicht im Stich", denkt so mancher Krieger.

Die beiden Wagen jagen auf einander los. Der Kampf beginnt. Der Himmel verdüstert sich, die Erde bebt, und die Luft ist erfüllt mit dem Geschrei der Sterbenden. Ohne Unterlass kämpfen Rama und Rahwana, sechs Tage lang. Brandwolken und Verwesungsgeruch hemmen das Atmen. Noch immer hört man das Keuchen und Stöhnen der verzweifelt streitenden Soldaten. Der siebte Tag bricht an und mit ihm neues Gemetzel, neues Leid. Doch Rama hat sich verändert. Er strahlt vor Kraft.

Sein Antlitz leuchtet wie die Sonne. Er hat in der Nacht den Auftrag Gottes erhalten, seinen Widersacher, den Feind der Götter, jetzt zu töten. Die Götter haben ihm die nötige Stärke und Zuversicht verliehen.

So stürmt er wie ein Himmelsbote mit seinem Wagen auf das Schlachtfeld. Er eilt Rahwana entgegen, nimmt den Götterbogen, den er einst von einem weisen Priester erhalten hatte, den Bogen, den einst Brahma für den Gott Indra geschaffen hatte, spannt ihn, zielt, und mit unheimlichen Zischen bohrt sich der göttliche Pfeil in die Brust Rahwanas. Mit einem alles durchdringenden Todesschrei fällt dieser Unhold zu Boden und haucht nach Luft röchelnd und keuchend seinen letzten Atem aus.

Rahwana ist tot. Der Urheber alles Bösen ist durch göttliche Kraft mit Hilfe eines Menschen zerschmettert worden.

Ein unbeschreiblicher Jubel bricht auf, setzt sich wie Meeresbrandung fort und erreicht selbst die entferntesten Winkel des Universums. Die Quelle der Bosheit ist versiegt, die Mutter allen Unheils kann kein neues Unglück mehr gebären. Sie ist tot. Freude und Dankbarkeit schwingen sich wie Meereswogen zum Himmel empor. Die Götter haben gesiegt. Das Gute hat das Schlechte unwiderruflich überwunden. Zwar gibt es immer noch genügend Bösewichter, die dem Gemetzel entkommen sind und weiteren Schaden anrichten werden, aber der Sohn, der aus der Kraft des Gottes Vishnu hervorging, hat den Kampf des Guten endgültig zum Sieg verholfen. Damit hat er für alle Zeit für alle Menschen ein Zeichen gesetzt, zu dem sie aufschauen können in Angst und Verzweiflung, und der Welt neue Hoffnung geschenkt.

Darüber nachzudenken ist in diesem Augenblick nicht Sache von Rama. Im Siegesjubel umarmen sich die Menschen auf dem Schlachtfeld und ziehen laut singend und winkend in die Stadt Lanka ein. Die bisher so oft unterdrückten Städter stimmen in diesen Freudenchor mit ein, lachen und tanzen auf den Straßen bis in die späte Nacht hinein.

Rama hat seine Hauptaufgabe nunmehr erfüllt. Dennoch findet man ihn nicht bei den Siegesfeiern. Eine Fülle weiterer Arbeiten muss dringend sofort erledigt werden.

Zunächst lässt er einmal die vielen Leichen an einem Ort sammeln, die Angehörigen benachrichtigen und Holz zur Verbrennung herbeischaffen. Auch kümmert er sich um medizinische Versorgung der Verwundeten. Für die Soldaten und Bürger der Stadt rollen riesige Wagen mit Proviant herbei. Außerdem werden Steine für die Erneuerung der zerstörten Häuser gebraucht. Noch vieles mehr stürmt auf Rama ein. Bei alledem kann er Sita nicht vergessen.

Ein folgenschweres Wiedersehen

So schickt er Hanuman aus, um sie zu suchen. Für Hanuman ist diese Aufgabe eine Ehre. Nur zu gerne hilft er seinem Freund weiter und macht sich sofort auf den Weg in die Stadt. Aber wo soll er mit der Suche anfangen? Er überlegt kurz und geht zunächst zu dem Ort, wo er sie zuletzt gesehen hat. Vielleicht hat es sie auch heute wieder dorthin gezogen. Er kommt in den Park und stellt mit Erleichterung fest, dass hier keine Kämpfe außer seinem eigenen stattgefunden haben. Er eilt durch die Baumreihen. Alles ist noch so, wie er es zuletzt hinterlassen hat. Er kommt an dem Tempel vorbei. Die von ihm zerbrochenen Säulen liegen noch genau so da wie zuvor. Jetzt muss er ganz in der Nähe der Bank sein, wo er Sita vor dem Kampf begegnet ist. Er hört Stimmengemurmel und sieht Sita wie damals auf einer Bank sitzen, umringt von den garstigen Dämonenweibern.

Heute braucht er keine Vorsicht walten zu lassen und stürzt auf Sita zu. Die stößt einen freudigen Schreckensruf aus. Sie hat ihn sofort erkannt. Ehe sie ihre Fragen stellen kann, hat ihr Hanuman schon mitgeteilt, dass ihr Mann lebt und Rahwana getötet hat. „Nach seinem Sieg über den Bösen hat er mich sofort zu Euch geschickt. Ich soll mich nach Eurem Befinden erkundigen und Euch fragen, ob Ihr Euch immer noch als seine Frau betrachtet, die ihm in ungeteilter Zuneigung gewogen ist."

Überglücklich beginnt Sita zu strahlen und beantwortet die Frage Hanumans mit einem ohne Zögern ausgesprochen „Ja". Dann erklärt ihr Hanuman, wie dringend Rama jetzt seine unaufschiebbaren Pflichten erledigen müsse und daher selbst nicht zu ihr kommen könne. „Dann gehe ich eben zu ihm", schlägt Sita vor und lächelt den Affengeneral schelmisch an. „Gut, ich werde euch sofort anmelden. Die Freude Ramas wird unbeschreiblich sein", antwortet Hanuman und hat sich schon auf den Weg gemacht. „Halt, halt", ruft Sita hinter ihm her, „ich will erst zum Schloss gehen und mich in meiner Kammer für meinen Mann schön machen." Der Affe kehrt zurück und murmelt mehr zu sich als zu Sita: „Oh Königin, Ihr seid so schön, dass Ihr keines Putzes mehr bedürft."

„Das lasst nur meine Sorge sein", lacht Sita und steht entschlossen zum Gehen auf.

Nun erst nimmt Hanuman mit Bewusstsein die fetten Dämonenweiber wahr. „Soll ich sie verjagen oder töten? Sie haben dir in der ganzen Zeit so böse zugesetzt." Für einen Augenblick wird Sita ganz ernst und antwortet mit sanftem, doch bestimmten Ton: „Diese Frauen haben nur den Befehl Rahwanas ausgeführt. Sie konnten nichts anderes tun. Willst du sie dafür bestrafen? Ein höheres Geschöpf vergilt niemals Böses mit Bösem. Habe Mitleid mit denen, die Böses getan haben und denke dabei, dass auch du selbst nicht ohne Tadel bist. Lass dich durch schlechtes Handeln anderer nicht vom Pfad deiner guten Taten abbringen!"

„Ihr seid in der Tat eine edelmütige Königin, und ich werde jetzt Rama berichten, dass Ihr auf sein Kommen wartet", spricht Hanuman, verbeugt sich in Ehrfurcht und eilt davon. Sita macht sich mit ihren Gefährtinnen auf den Weg zum Schloss. Auf dem Weg dorthin erfährt sie schon von den Leuten, dass der jüngere Bruder Rahwanas von Rama zum König bestimmt sei. Sie kennt den Edelmut dieses Mannes, der sich schon immer für sie eingesetzt hat, und beschleunigt ihre Schritte, um ihm zu gratulieren und sich selbst für den Empfang Ramas vorzubereiten.

Dann ist sie endlich soweit, angetan mit einem Gold durchwirkten Seidenkleid, mit erlesenem Schmuck, duftend nach exotischen Blüten, mit einer tiefroten Bougainvillea in ihrem schwarz glänzenden Haar besteigt sie eine königliche Sänfte, die die Diener des neuen Königs für sie bereithalten. Die Träger drängen sich laut rufend durch dichte Menschenscharen und stellen ihre kostbare Last behutsam vor Rama ab. Ein Diener öffnet den Vorhang, und die Königin entsteigt.

Ein lautes Oh geht durch die Reihen der Zuschauer. Sita ist in der Zeit ihrer Verbannung durch ihre Melancholie und Sehnsucht noch schöner erblüht. Ein Lächeln verklärt ihr Antlitz und strahlt wie schimmerndes Mondlicht in dunkler Nacht.

Rama schaut gebannt auf seine Frau, als wäre sie eine Himmelserscheinung. Schon will er sie in seine Arme schließen, als ein grässlicher Gedanken wie ein Donnerschlag im Spätherbst über ihn herfällt: „Kann es möglich sein, dass dieser Frauenheld Rahwana, dessen Erscheinung bisher jede Frau in seinen Bann schlug und ihm zu willen machte, dass dieser Bösewicht vor Sita Halt gemacht hat, ohne sie anzurühren?“

Wie gelähmt bleibt Rama plötzlich stehen, lässt seine Arme sinken und schaut beiseite. Düstere Wolken des Zweifels verdunkeln sein eben noch strahlendes Siegerantlitz, verjagen seine unbändige Wiedersehensfreude. Er zittert wie ein Baum unter dem Hieb der Axt.

Mit Entsetzen hören die Umstehenden den Schwall der Worte, der aus seinem Mund unkontrolliert hervorbricht: „Sita, du bist so schön, nein, du bist zu schön. Wenn ich mir vorstelle, mit welcher Gier dich dieser Lüstling angeschaut hat, schaudert es mich. Wie kann ich dich mit diesen schrecklichen Gedanken umarmen? Wie kann ich dich lieben mit der Vorstellung, dass dieser Unhold seinen geilen Arm um dich gelegt hat?“

Jeder gewahrt, wie Rama mit der Qual seiner Eifersucht verzweifelt kämpft. Auch Sita. Sie schaut ihn schweigend an. Unsägliches Mitleid ergreift ihr Herz.

Wenn sie sich auch ihren Empfang bei Rama so ganz anders vorgestellt hat. Hat sie diese Schmähung für ihre fast übermenschliche Treue verdient?

Aber es kommt noch schlimmer: „Sita, ich gebe dich als meine Frau frei. Du kannst gehen, zu wem du willst. Du kannst heiraten, wen immer du liebst.“ Rama verfällt ins Schluchzen. Seine Worte sind kaum mehr verständlich. Sita schaut und schweigt. Dicke Tränen rinnen über ihre Wangen.

Aber sie bleibt still. Eine wirkliche Königin, majestätisch und ruhig, schaut in die Weite, zu den Göttern, die sie bei sich weiß. Lange Zeit vergeht. Kein Laut; nur das Schluchzen ihres Mannes. Sie erhebt sich und geht. Man lässt sie allein. Was wird diese Frau jetzt tun?

Das Gottesurteil

Die Zeit vergeht. Keiner der Anwesenden rührt sich vom Fleck. Kein Wort fällt. Alle schauen in die Richtung, in der sie Sita aus den Augen verloren haben. Jeder hängt seinen eigenen Gedanken nach, schweigt.

Dann tritt die Königin hinter einer Baumgruppe hervor, kommt gemessenen Schrittes heran. Die Zuschauer staunen: Von ihrem Antlitz geht ein Strahlen aus. Wenn auch Tränen ihr Gesicht benetzen, so wirkt sie wie eine Göttin, unnahbar und von himmlischen Glanz verklärt. Sie schreitet geradewegs auf Lakshmana zu, würdigt Rama keines Blickes. Sie beginnt zu sprechen: „Ich habe im Hain zu den Göttern gebetet. Ich werde mit ihrer Hilfe meine Treue allen beweisen, die hier zugegen sind. Lakshmana, ich bitte dich darum, einen Scheiterhaufen zu errichten. Die Götter werden Zeugnis für meine Treue geben."

Lakshmana schaut völlig ratlos und verwirrt seinen Bruder an. Rama nickt mit dem Kopf, fordert ihn auf, mit der Arbeit zu beginnen. Im Nu ist ein Holzstapel errichtet. Alle schauen fassungslos zu. Keiner wagt es, Einhalt zu gebieten. Von der opferbereiten Frau geht eine solche Kraft aus, die jeden zwingt, sich ihrem Befehl widerspruchslos zu beugen.

Dann züngeln die Flammen, schlagen empor. Sita umschreitet wie eine Priesterin laut betend das Feuer. Dann geht sie ohne Zögern hinein. Mit von Schreck geweiteten Augen starren die Zuschauer auf das Drama. Nur die Affen stoßen einen grellen Entsetzensschrei aus. Die Feuerglut verschlingt die heilige Frau, entzieht sie den Augen der Menschen. Es herrscht Stille. Nur das Knistern der Flammen. Ist das Traum oder Wirklichkeit?

Die Zeit vergeht. Keiner weiß wie lange. Das Geschehen hat sie so sehr in den Bann gezogen, dass sie alles andere vergessen.

Unvermittelt zieht ein gewaltiges Donnern ihre Aufmerksamkeit auf sich. Sie schauen nach oben in die Richtung, aus der das Getöse erschallt: Auf einem gewaltigen Himmelswagen eilen die Götter herbei, verlassen das Gefährt und gehen auf Rama zu.

Er wirft sich voll Ehrfurcht zu Boden, wagt nicht, in das Leuchten der Götter zu schauen und vernimmt deren Stimmen, die ihm offenbart, dass er eigentlich der Sohn Vishnus ist, nunmehr seinen heiligen Auftrag mit der Tötung Rahwanas erfüllt hat und von nun an mit seinem göttlichen Wesen die Welt durchdringen, beleben und tragen wird.

Hatte Rama sich bis jetzt nur als einen gewöhnlichen Sterblichen betrachtet, so erfährt er in diesem Augenblick die volle Wahrheit über sich selbst: seine göttliche Abkunft. Wie betäubt kniet er am Boden, überwältigt von himmlischem Glanz.

Zu diesem Zeitpunkt verlässt Sita ohne jeglichen Schaden das brennende Inferno und begleitet von der Huld der Götter steht sie lächelnd vor ihrem Mann.

Sie fasst ihn bei der Hand und zieht ihn zu sich auf.

Rama strahlt seine Frau an: „Nun weiß alle Welt, dass du völlig unbefleckt aus den Klauen Rahwanas zu mir zurückgekehrt bist. Die Götter und alle Umstehenden sind Zeugen deiner Treue."

Beide erkennen mit einem Mal, dass sie die lange Zeit nach ihrer Trennung von den Göttern begleitet und geführt worden sind. Beide haben an der Befreiung vom Bösen teilgenommen. Ohne Sita hätte Rama Rahwana nicht verfolgt, ihn gefunden und besiegt, ohne Rama wäre der Urheber des Bösen noch am Leben.

Sie danken den scheidenden Göttern, beten für die im Krieg gefallenen Affensoldaten und verweilen noch eine Zeit lang in großer Ergriffenheit an diesem heiligen Ort, der sie das Walten himmlischer Vorsehung in seiner ganzen Größe hat ahnen lassen.

Das Ende der Verbannungszeit

Bald bricht die Dunkelheit herein. Es ist höchste Zeit, sich um eine Unterkunft zu bemühen. Alle eilen in die Stadt, suchen ihre Paläste, Häuser oder andere Unterkünfte auf. Sita und Rama sind Gäste des neuen Königs von Lanka und wollen in dem noch erhaltenen Teil des Schlosses die Nacht verbringen. Aber nur die wenigsten können jetzt schlafen, zu groß ist die Freude über die letzten Ereignisse.

Am nächsten Morgen meldet sich der jüngere Bruder Rahwanas an und bittet die Retter zu bleiben, um seiner baldigen Königskrönung durch ihre Anwesenheit Glanz zu verleihen. Rama zeigt sich hoch erfreut und antwortet: „Gerne würden wir bei diesem Fest dabei sein. Aber habt bitte Verständnis dafür, dass ich am Ende meiner zwölfjährigen Verbannung möglichst schnell zu meiner Heimatstadt Ayudhya und meinen Brüdern zurück möchte. Ich kann es kaum erwarten, nach dieser langen Zeit wieder zu Hause zu sein." Der junge König kann seine Enttäuschung nur schlecht verbergen und schweigt.

Nach kurzer Zeit des Nachdenkens hellt sich sein Gesicht wieder auf, und er schlägt vor: „Nehmt doch den Himmelswagen meines Vaters. Mit ihm könnt Ihr Euren langen und beschwerlichen Marsch in Eure Heimat so sehr abkürzen, dass Ihr in einem Tag Euer Ziel erreicht."

Rama fällt seinem verständnisvollen Freund voll Dankbarkeit in die Arme. Den ganzen Tag benutzt man für die Reisevorbereitungen. Auch das Affenheer möchte möglichst schnell zu den wartenden Lieben daheim zurückkehren. Am Abend feiert man noch ein unbeschreiblich freudiges Abschiedsfest zusammen mit den Einwohnern der befreiten Stadt.

Dann braust der Himmelswagen am nächsten Morgen heran, Rama, Sita und Lakshmana besteigen ihn unter dem Beifall von ganz Lanka. Schon will sich das Gefährt in die Lüfte erheben, als sich der Affengeneral Hanuman durch die Menge der Zuschauer drängt: „Nehmt mich mit. Ich möchte als Euer Freund bei euch bleiben. Mein Heer kann ohne mich genau so gut die Heimat erreichen." Die Affen nicken ihr Ja zum Einverständnis und versprechen, König Sugriva Grüße von Hanuman zu bestellen und ihn um Nachsicht zu bitten, dass Hanuman erst später von Ayudhya aus nachkommt. Rama reicht Hanuman die Hand und zieht seinen Freund in den schon donnernden und bebenden, abflugbereiten Wagen hinein.

Das Flugschiff hebt sich unter dem Winken und dem Abschiedsgeschrei in die Lüfte und nimmt Fahrt auf. Noch ein großer Ehrenkreis, und dann entschwinden Rama und seine Begleitung den Blicken der Zurückgebliebenen, die sich ihren weiteren Aufgaben zuwenden. Von oben bemerken die Herabblickenden die gewaltigen Meereswogen, die im Wind gegen den von ihnen gebauten Damm prallen. „Lange wird er dieser Urgewalt nicht mehr widerstehen. Aber für den Rückzug des Affenheeres wird er noch halten", meint Rama.

Voller Vorfreude und Erwartung lachen und schwatzen die Heimkehrer in ihrem fliegenden Wagen. Sita erklärt ihrem Mann die Gegend dort unten, und obwohl sie mit beachtlicher Geschwindigkeit durch die Lüfte sausen, geht es ihnen doch noch viel zu langsam. Endlich ein Schrei: Rama hat die Bergkuppen an der Grenze seines Reiches gesehen. Er befiehlt zu landen. Sie nähern sich einer freien Ebene unweit von Ayudhya und setzen unbemerkt dort auf.

Mit etwas noch taumelnden Schritten verlassen die Insassen ihr Gefährt und freuen sich, wieder festen Grund und Boden unter den Füßen zu haben. Schon will man zur Stadt aufbrechen.

„Halt!", ruft Sita. „Wisst Ihr denn, ob wir wirklich nach so langer Zeit mit Freuden empfangen werden? Ist es nicht besser, vorher die Lage zu erkunden, ehe wir als ungebetene Gäste hier einfach im guten Glauben eindringen?"

Betroffen bleibt die kleine Gruppe stehen. Sita hat nur zu sehr Recht. In ihrer Vorfreude haben sie vergessen, Vorsicht walten zu lassen.

„Ich werde die Stimmung in der Stadt erkunden. Mich kennt hier keiner, und ich habe in solchen Angelegenheiten Erfahrung", schlägt Hanuman vor. Rama schärft ihm noch genau ein, sich nicht zu verraten, ehe es ihm ganz klar sei, dass sie willkommen sind. Dann geht Hanuman los, während sich seine Begleiter im Schatten eines Baumes ausruhen und ungeduldig auf seine Rückkehr warten.

Hanuman geht als einfacher Feldarbeiter über die staubige Straße. Nach einer Weile trifft er auf einen im rauen Gewand gekleideten Büßer. Sie kommen ins Gespräch. Hanuman erfährt, dass er Bharata, den Bruder Ramas, vor sich hat, bleibt aber still.

Während die beiden Männer der Stadt zuwandern, erzählt ihm Bharata die Geschichte von Rama, die so endet: „Vor zwölf Jahren habe ich meinen Bruder zuletzt in der Verbannung im tiefen Regenwald gesehen. Vergeblich habe ich versucht, ihn zur Rückkehr zu bewegen. Seit zwölf Jahren habe ich nichts mehr von ihm gehört. Seit zwölf Jahren bete und faste ich. Leider umsonst. Der Thron ist verwaist, ein Paar Sandalen Ramas stehen darauf. Ich verwalte zwar sein Amt, aber die Sehnsucht nach ihm verdüstert mein Leben. Warum zeigen die Götter kein Mitleid mit mir?“

Hanuman ist jetzt gewiss, dass Bharata seinen Bruder wirklich liebt und vermisst, und spricht: „Ich kann euch erzählen, wie es dem Verbannten geht. Kommt, dort unter dem Baum können wir uns setzen!“, und er fügt die ganze weitere Lebensgeschichte Ramas an. Zuerst ist Bharata froh, endlich von seinem Bruder zu hören. Doch dann macht er sich zunehmend Gedanken, woher dieser Mann neben ihm das alles weiß.

Schließlich stoppt er die Rede des Affen: „Sag mir, woher weißt du das? Entweder bist du ein Lügner oder ein Phantast, oder du musst ihn sehr gut gekannt haben.“ Hanuman lächelt ihn an und gibt sich als Bote Ramas zu erkennen.

Bharata fällt mit einem Aufschrei der Freude Hanuman in die Arme. Er stammelt vor Aufregung, ist außer sich, als ihn Hanuman an der Hand ergreift und ihm verspricht, mit ihm zu Rama zu eilen, der in der Nähe weilt.

Jeder kann sich die Freude der beiden Brüder selbst ausmalen, als sie sich sehen, aufeinander zulaufen und sich umarmen. Es dauert eine ganze Weile, bis die Brüder ihr ganzes Glück fassen können.

Endlich kommt die vor Glück überströmende Familie zu sich, und Bharata bittet seine Brüder, noch eine Zeit hier zu verbringen, bis er einen gebührenden Empfang in der Stadt vorbereitet hat.

Die Kunde von der Rückkehr Ramas breitet sich wie ein Lauffeuer in der Stadt aus. Die Leute rennen laut lachend und rufend aus ihren Häusern, beginnen, die Stadt zu reinigen und zu schmücken. An den Wäscheleinen hängen die frisch gewaschenen Festtagskleider zum Trocknen, die Fenster werden über den Straßen mit Girlanden verbunden. Musikkapellen proben noch einmal ihre Festmusik, die Pferde in den Ställen werden gestriegelt und geputzt.

Dann ist der Zeitpunkt gekommen, auf den die ganze Familie, alle Freunde, die ganze Stadt gewartet hat. Auf einem bekränzten Streitwagen halten Rama und die Seinen Einzug in die jubelnde Stadt.

Nicht lange darauf erfolgt die Königskrönung Ramas, an der alle seine Freunde aus den Nachbarreichen und auch aus Lanka und dem Reich der Affen teilnehmen.

Er regiert friedvoll, ist fleißig und gerecht. Was immer in seiner Macht steht, tut er in Liebe, zum Wohle seines Reiches und seiner Untertanen. Ein Großteil seiner Zeit widmet er voll Dankbarkeit den Göttern, mit denen er Zwiesprache hält und sich von ihnen für seine Unternehmungen Rat holt. So folgt eine lange Periode des Friedens und Wohlstandes, bis er schließlich im hohen Alter wieder in seine eigentliche Heimat zu den Göttern zurückkehrt.

Nachwort

Rüdiger Siebert

Auf den Spuren des Ramayana
Mit Tulsidas nach Rajapur in Indien

Bei einer Reise durch das nördliche Indien kommt man den Menschen sehr nahe, hautnah in des Wortes wahrem Sinne. Beiderseits des Hunderte von Kilometern breiten Gangestals wird allerorten sichtbar, spürbar, riechbar, was es mit der Bevölkerungszunahme Indiens auf sich hat. Die Städte wuchern ins Unermessliche. Busse sind überfüllt mit Leibern. In den Eisenbahnen drängen sich die Massen. Menschen im Plural. Jeder ist dem anderen im Wege, stiehlt ihm den Platz, engt die winzige Nische des Überlebens ein, ist Konkurrent, Gegner, Feind im Kampf ums Dasein.

Ich fuhr eingequetscht in der Eisenbahn zwischen der monsterhaft ausgedehnten Industriestadt Kanpur und dem Pilgerzentrum Allahabad am Zusammenfluss von Ganges und Yamuna. Da empfiehlt sich kein Gepäck. Dem Deutschkundigen ist in solcher Enge ein Reclamheft als Reiselektüre angemessen, dessen literarischer Gehalt gewichtsparend im umgekehrten Verhältnis zu seinem Umfange steht. Ich saß inmitten vielköpfiger Großfamilien; umgeben von schnauzbärtigen Greisen, fülligen Frauen in bunten Saris, quengelnden Kleinkindern, Soldaten mit altertümlichen Gewehren zwischen den Knien. Indien zusammengepfercht auf die wenigen Kubikmeter eines Abteils der 2. Klasse. Ich las von jenem Manne und seinem Werk, zu dessen Geburtsort ich unterwegs war. „Ramcaritmanas – Der heilige See der Taten Ramas" stand in schwarzer Schrift auf meinem gelben Reclamheft. Und als Autor: Tulsidas. Natürlich hatte ich das schmale Büchlein mit den gut hundert Seiten schon daheim gelesen. Doch hier nun durchgerüttelt zu werden, in schwüler Luft, umhüllt von den Ausdünstungen der Mitreisenden, den Blick gelegentlich durchs vergitterte Fenster gleiten zu lassen in eine endlose Ebene, ausgedörrt mit wenigen Bäumen und gelegentlichen Dörfern: in solcher Umgebung gewann die Lektüre eine eigenartige Authentizität. Und ein Satz jenes Tulsidas wird in der Landschaft seines Ursprungs eindringlich verstanden: „Auch die Sonne, die die Lotusse nährt, verbrennt sie zu Asche, wenn das Wasser fehlt."

Als beim Umblättern mein Nachbar auf harter, abgewetzter Bank zufällig den Namen Tulsidas erkannte, hellte sich das durchfurchte, wettergegerbte Gesicht des Alten unter einem Turban aus Frotteetüchern auf. Er nickte lächelnd und deutete mit dem Finger auf die Zeichen des Namens und gab mir zu verstehen, dass er den wohl kenne.

Nun wird ein alter indischer Mann, selbst wenn er neben seinen Kenntnissen der Hindi-Schrift auch lateinische Zeichen zu deuten vermag, kein Reclamheft sein Eigen nennen, geschweige dessen deutschen Text verstehen. Doch dass der Autorenname eine Reaktion des Erkennens auslöste, ist so verwunderlich denn doch nicht. Tulsidas ist ein populärer Name im Einzugsbereich des Ganges. Ohne diesen Tulsidas, das darf angenommen werden, wäre das Ramayana nicht so verbreitet und so volkstümlich geworden, wie es nun mal ist in Indien.

Das Ramayana erzählt von Giganten, und es ist selbst gigantisch. 24.000 Doppelverse umfasst das Werk, verteilt auf sieben Bücher mit endlosen Wiederholungen, Nebengeschichten, Abschweifungen und einer Story, die wohl jedes Kind in Indien aufsagen kann. Die Entstehungsgeschichte des Ramayana reicht viele Generationen zurück und wurzelt im Dunkel der Legenden, da auf Erden noch Götter wandelten, als Helden in das Geschick der Menschen eingriffen und Maßstäbe für Gut und Böse setzten, die fortdauern bis heute.

Wenn wir uns an abendländischer Zeitrechnung orientieren, so ist das Ramayana zwischen dem 4. Jahrhundert vor und dem 2. Jahrhundert nach Christi Geburt aufgezeichnet worden. In das Epos floss die Lebenserfahrung zahlloser Menschen; darin ist ebenso die Weltsicht gekrönter Häupter zu finden wie das Leiden der Namenlosen. Neben dem zweiten umfangreichen altindischen Epos, dem Mahabharata, erwuchs das Ramayana im Laufe von Jahrhunderten zum wesentlichen Inhalt von Kultur, Religion, Denken und sozialem Verhalten der Menschen Indiens und strahlte aus auf die Nachbarländer im südlichen und südöstlichen Asien; ganz besonders nach Indonesien. Mahabharata und Ramayana bilden den Stoff, aus dem die Hindu-Kultur des Subkontinents geschaffen wurde. Es ist der

Stoff für das Stirb-und-Werde von Millionen und Abermillionen Menschen in Südostasien.

Weder das Mahabharata noch das Ramayana sind die Werke einzelner Autoren. Beide Epen sind vielmehr ein geistiges Erbe der Menschheit, an dem viele mitgewirkt haben, die den Geist ihrer Zeit in Worte von dauerhaftem Bestand zu fassen vermochten. Im Gegensatz zum Mahabharata gibt es immerhin einen legendären Dichter, dem die poetische Gestaltung des Ramayana und der Entwurf der 24.000 Doppelverse zugeschrieben werden: Valmiki, ein Mann aus dem nördlichen Indien, der nahe der heutigen Stadt Chitracut gelebt haben soll. Dieser sprachgewaltige Dichter, so die fromme Überlieferung, habe das Ramayana im klassischen Sanskrit verfasst. Im 2. Jahrhundert n.Chr. soll es gewesen sein. Valmiki, der heilige Mann, habe als Eremit die zahlreichen Geschichten und Episoden um Rama zusammengetragen und daraus das schier endlose Kunstgedicht gemacht, das neben seinem religiösen Gehalt als großes Zeugnis menschlicher Gestaltungskraft gerühmt wird.

Im Mittelpunkt des Geschehens stehen Rama, der göttliche Held in Menschengestalt, und seine Frau Sita als Inbegriff des Guten, Reinen; sie werden vom Dämonenfürsten Ravana, dem Zehnköpfigen, als dem Sinnbild des Bösen herausgefordert. Vergleichbar einer antiken Tragödie geraten die Protagonisten in schicksalhafte Verstrickungen, die über Leben und Tod entscheiden. Die eigentliche Story des Ramayana, zusammengestrichen auf das Format von Comic-Strips um Rama und Sita, wie sie im Millionenauflage in Indien kursieren, ist rasch erzählt:

In Ayodhya, im nördlichen Indien, regiert König Dasharatha. Er regiert weise und gerecht. Seine drei Frauen haben ihm vier Söhne geboren. Die Gattin Kausalya den Sohn Rama. Die Gattin Kaikeyi den Sohn Bharata. Die Gattin Sumantra die Zwillingsbrüder Lakshmana und Shatrughna. Als der König den Lieblingssohn Rama zum Nachfolger auf seinem Thron erklärt, löst dies Jubel bei seinem Volke aus. Doch die Garrin Kaikeyi, von ihrer intriganten Zofe Mantara zu Eifersucht angestachelt, will ihren Sohn Bharata als künftigen König sehen. Der wankelmütige Monarch Dasharatha erliegt ihren Einflüsterungen, widerruft seinen Entschluss und macht Bharata zum Thronerben. Rama fügt sich in sein Schicksal und geht zusammen mit seiner Frau Sita klaglos für 14 Jahre in die Verbannung. Nur sein Halbbruder Lakshmana begleitet das Paar ins Exil südindischer Wälder. Dort erregt Sita, die schöne, tugendhafte Gemahlin, die Begierde des Dämonen und Herrschers von Lanka, des zehnköpfigen Ravana. Mit einer List gelingt ihm die Entführung der unvergleichlichen Frau. Standhaft widersteht sie in der Gefangenschaft am Hofe von Lanka seiner Aufdringlichkeit. Derweil suchen Rama und Lakshmana verzweifelt die Gattin und Schwägerin. Mit Beistand des Affenkönigs Sugriva und dessen General Hanuman gelingt es, den Aufenthaltsort Sitas ausfindig zu machen.

Mit dem Heer der Affen unter Hanumans Kommando und der Heldenkraft des Rama und seines Bruders wird der Dämon Ravana nach erbittertem Kampf geschlagen und getötet. Sita ist frei. Rama kehrt nach Ayodhya zurück. Der Halbbruder Bharata, der sich nur als Reichsverweser verstand und selbst keine Ansprüche auf den Thron geltend gemacht hat, überlässt Rama die ihm zustehende Königswürde.

Als Urbilder idealer Lebensweise und als Vorbilder irdischen Handelns sind beide den Indern gegenwärtig geblieben. Rama, der gerechte Herrscher, mutig, tatendurstig, entschlussfreudig; und Sita, die bis in den Tod hinein, bis zur Selbstverleugnung treue Gattin, die in allem ihrem Mann bedingungslos folgt.

Valmiki, der Einsiedler bei Chitracut, war nicht der Einzige, der das Ramayana aufschrieb, ausschmückte und einem farbenprächtigen Baum vergleichbar in unendlichen Verästelungen aufblühen ließ. Treffend sagte es 1893 der Bonner Indologe Hermann Jacobi, als er den Zauber des Ramayana pries: „Wie an manchen unserer alten ehrwürdigen Dome jede kommende Generation Neues hinzugefügt und Altes ausgebessert hat, ohne dass die ursprüngliche Anlage trotz aller ausgebauten Kapellchen und Türmchen vernichtet worden wäre, so sind auch an dem Ramayana viele Generationen von Sängern tätig gewesen; aber der alte Kern, um den so vieles gewachsen ist, ist dem nachprüfenden Auge des Forschers ... in den Hauptzügen erkennbar.“

Vermutlich hätte das Ramayana nicht die volkstümliche Verbreitung erfahren, wenn es nur in der Sprache des Valmiki überliefert worden wäre: in Sanskrit. Das war Gelehrtensprache, Oberschichtsidiom, Sprache der Gebildeten und der Eingeweihten. Erst mit den Übertragungen in die Sprache der einfachen Leute erreichte das Ramayana auch deren Herzen und Gemüter und konnte prägend werden für Verhalten und Moral.

Damit sind wir wieder bei Tulsidas, mit dessen Werk in der deutschen Übersetzung im gelben Reclamheft ich bereits zwischen Kanpur und Allahabad die Neugier bei Mitreisenden geweckt hatte. Es war nach der Bahnfahrt weiterhin mühevoll, schweißtreibend und Zeit raubend, dem Geburtsort jenes Tulsidas näher zu kommen. In der kleinen Bahnstation Bharwari stieg ich aus, wahrscheinlich der erste Europäer seit langer Zeit. Ein Marktflecken. Keine Sehenswürdigkeiten im touristischen Sinne. Weiter im siedeheißen klapprigen Bus über die Schlaglöcher vernachlässigter Landstraßen. Das Gefährt war so voll gestopft mit Menschen der Region, dass ich beim besten Willen auch mein leichtgewichtiges Reclambändchen nicht mehr aus der Tasche ziehen konnte. Dabei kam langsam Rajapur in Sicht, das für die Tuslidas-Verehrung eine bedeutende Rolle spielt.

Schon Hunderte Meter vor dem flachen, versandeten Nordufer des Yamuna hält der Bus. Wer zum gegenüberliegenden Städtchen Rajapur will, muss zu Fuß laufen, versinkt im weichen Schwemmsand des Flusses, lässt sich das Gepäck von zerlumpten kleinen Jungen tragen und setzt in der Motorfähre über oder benutzt die Holzboote, deren Ruderer geduldig auf Fahrgäste warten. Welch eindrucksvolle Flusslandschaft! Über Kilometer zieht sich der breite, gemächlich dahinströmende Yamuna hin, einer der geheiligsten Flüsse Indiens; Lebenslinie der Region. Früher wurde auf seinem Wasser der Reichtum transportiert: Getreide, Hölzer, Baumwolle. Das ist lange her. Mit dem Bau der Eisenbahn und der Konstruktion von Straßen, die um diesen Ort einen weiten Bogen machen, haben sich auch die Geschäfte verlagert. Heute liegt der früher wohlhabende Handelsplatz Rajapur im Abseits. Der Blick gleitet über den Fluss. Das jenseitige Ufer ragt steil auf. Dahinter breitet sich die Stadt mit ihren Gassen und Basaren aus. Schon vom Fluss aus sind zwei Tempel zu sehen, hoch auf dem Uferhügel. Zum Ort windet sich ein ausgetretener Pfad, auf dem Kamele ihre Lasten tragen und die Reisenden nach der Flussüberquerung dem Ort zustreben. Zu den beiden Tempeln führt eine steile Treppe geradewegs hinauf. Atemberaubendes Ziel der Pilger, die Tulsidas verehren und die geistige Hinterlassenschaft seines Lebens preisen wollen.

Wenig ist bekannt vom Leben dieses Tulsidas. Immerhin, anders als Valmiki, der legendäre Dichter des Ramayana in der ursprünglichen Sanskrit-Version, ist Tulsidas eine historische Person. Er wurde 1532 in Rajapur geboren; Brahmane von seiner Herkunft, doch Kind verarmter Eltern. Ein wandernder Asket nahm sich des Jungen an, zog ihn auf und vermittelte ihm den Drang zur weitschweifigen Pilgerfahrt, die den heranwachsenden Tulsidas zu den heiligen Orten Indiens brachte. Es heißt, er sei einige Jahre verheiratet gewesen. Die Erfüllung seines Lebens fand Tulsidas als Rama-Verehrer in Ayodhya und Benares, wo er 1623 als 91-jähriger starb.

Rajapur, der Geburtsort, liegt nur 30 Kilometer entfernt von der sagenhaften Stadt Chitracut, wo Valmiki gelebt haben soll und Rama selbst in den Jahren der Verbannung verweilte. Diese Nachbarschaft mag ein Grund gewesen sein für Tulsidas, sich dem Ramayana zuzuwenden. Er gehörte gelehrten Kreisen an, die sich dem Rama-Kult verschrieben hatten und ein Interesse bekundeten, damit weite Bevölkerungsschichten unterschiedlicher Kastenzugehörigkeit anzusprechen. Tulsidas war keineswegs der erste fromme Mann, der das große Werk des Valmiki aus dem Sanskrit in volkstümliche Sprachen übersetzte; aber seine Übertragung sollte die berühmteste und in der Wirkung nachhaltigste werden.

Tulsidas schrieb im Hindi-Dialekt Avadhi, benannt nach der Region Avadha. Er schrieb in der Sprache der einfachen Leute. Er war etwa 40 Jahre alt, als er mit der Arbeit begann: ein erfahrener Mann in der geistigen Durchdringung des Rama-Kultes und ein sprachgewandter Dichter, der seinem Volk offenbar genau aufs Maul geschaut hatte, um sich verständlich zu machen. Dabei sieht er sich in der Tradition der großen Sanskrit-Dichter und bezieht die befürchtete Kritik der Gelehrten seiner Zeit bereits in die eigene Dichtung ein: „Ich bin kein Dichter, nicht des Wortes mächtig, ohne Kenntnis aller Künste und aller Wissenschaften bar. Was Buchstaben, Bedeutung und die verschiedenen Schmuckformen sind, welche zahlreichen Manieren bestehen, Versmaße zu konstruieren, die unendlich vielen Gefühle und poetischen Stimmungen und die verschiedenen Vorzüge und Fehler einer Dichtung sowie die anderen Elemente der Dichtkunst kann ich nicht kritisch unterscheiden. Ich sage die Wahrheit und schreibe sie auf ungebrauchtes Papier: mein Gedicht ist bar aller Vorzüge. Nur den einen besitzt es, und der ist weltbekannt. Daran werden die mit rechtem Verstande und unverdorbener Einsicht Begabten denken und mir zuhören."

Und an anderer Stelle heißt es in tiefer Bescheidenheit: „Auch wenn mein Gedicht keine poetischen Stimmungen besitzt, so offenbart sich doch in ihm die glänzende Herrlichkeit Ramas. Das ist meine Hoffnung; denn wer hat nicht in der Gemeinschaft der Guten Größe erworben. Selbst Rauch lässt von seiner natürlichen Schärfe ab und beginnt zu duften, wenn er mit Aloe-Holz verbunden ist. Auch mein Gedicht ist zwar hässlich, doch ist eine gute Sache darin beschrieben: die Erzählung von Rama, die der Welt Heil bringt."

So ist es in der deutschen Version des gelben Reclamheftes von Peter Gaeffke nachzulesen. Er übertrug die Verse des Tulsidas in leichte verständliche Prosa. In der Reclam-Ausgabe bleibt das umfangreiche Gesamtwerk naturgemäß auf wenige Auszüge und Zusammenfassungen beschränkt.

In Rajapur wirkte das schmale Bändchen in Gelb wie eine Visitenkarte, die mir Achtung und Aufmerksamkeit der Leute eintrug. Als ich zu Gast bei Brahmanenfamilien das Heft aus der Tasche zog, weckte es sofort Neugier und Bewunderung wie in den Läden entlang der Marktgasse oder beim Bäcker, wo ich Rast machte und nach dem Büchlein befragt wurde. Innerhalb weniger Tage hatte sich nicht nur meine Anwesenheit in dem von Europäern äußerst selten besuchten Ort herumgesprochen, sondern auch dieses gelbe Mitbringsel. Dass das „Ramcaritmanas – Der heilige See der Taten Ramas" von Tulsidas ins Deutsche übertragen worden war, dass ich davon wusste und sogar den Beweis schwarz auf weiß mitgebracht hatte, schien den Leuten unterschiedlicher Herkunft und Kaste ehrliche Freude zu bereiten. Ihr Tulsidas, ihr Ramayana, ihr Weltbild. Irgendwo im fernen Westen hatte es jemand der Mühe wert gefunden, die geheiligten Verse wahrzunehmen und in eine fremde Sprache zu übertragen. Mir, dem Überbringer, wurde Erstaunen und Wohlwollen zuteil.

In Rajapur, dessen Bewohner sich besonders eng mit Tulsidas verbunden fühlen, ist das Wissen um Rama und Ramayana tief verwurzelt. In der Version der Volkssprache erreichte das Epos breite Bevölkerungsschichten. Ihnen wurden die Verse des Tulsidas zur Andachtsunterweisung, zum Lehrbuch für vorbildliches Verhalten. Ein Volksbuch im besten Sinne. Es mag ein weit hergeholter Vergleich sein, doch er wird sogar in den nüchternen Werken europäischer Wissenschaft gezogen: Die Neuschöpfung des Ramayana durch Tulsidas nach dem klassischen Werk des Valmiki wird der lutherische Bibelübersetzung in Deutschland und deren Wirkung gleichgestellt. Aus einer der breiten Masse verschlossenen Heiligen Schrift wurde Allgemeingut, das in der Rezitation, im Vorlesen und bei auswendig gelernter mündlicher Weitergabe auch die Analphabeten erreichte.

Die Botschaft von Rama hat Indien zu dem werden lassen, was es ist: ein Land, dessen Menschen, soweit sie in der Bevölkerungsmehrheit Hindus sind, Rama anrufen und in der Verehrung des Mensch gewordenen Gottes Vishnu den Heilsweg der Erlösung zu finden hoffen: So wie sie in den neun Stufen des Glaubens von Tulsidas in Verse gefasst wurde.

Einer der beiden Hindu-Tempel hoch über dem Yamuna-Fluss ist neueren Datums. Ein zeitgenössischer Mann, den die Gläubigen als Heiligen verehren, hat ihn bauen lassen. Die prachtvolle Ausschmückung und die soliden Anbauten künden von der Spendierfreudigkeit der Pilger. Der Tempel daneben ist kleiner, bescheidener, aber sehr viel älter. Über Lautsprecher ist bei Sonnenuntergang weithin das Abendgebet des Tempelwächters zu vernehmen. Eine Stimmung von Traum und Wirklichkeit liegt über dem ausgedehnten Tal des Yamuna. Der sanftmilde Wind trägt die heiligen Worte übers Land hin zu den Menschen unten am Ufer, die auf ein Ruderboot zur Überfahrt warten; hin zu den Fischern, die ihre Netze zusammenlegen; hin zu den Bauern, die sich am jenseitigen Ufer vor ihren einfachen Hütten ausruhen. Der langanhaltende Gebetsruf, in immer neuen Wendungen den Namen Ramas aufgreifend, hallt auch durch die engen Gassen des Städtchens Rajapur, wo sich nun über den Dächern der Rauch der Abendfeuer kräuselt. Zeitlose Bilder einer alten indischen Handelsstadt, die ihre Bedeutung verloren hat. In dieser Stunde zwischen Tag und Abend, da sich der Fluss rot und golden färbt, ehe sich die Nacht ausbreitet, schwingt der ewige Rhythmus Indiens mit – und fast könnte man an die paradiesischen Verhältnisse denken, die im Schlusskapitel des Ramayana beschrieben werden. Der Dämon Ravana ist besiegt. Rama herrscht als gerechter König. Das Prinzip des Guten hat sich durchgesetzt.

Doch Indien ist ferner denn je, dieses Stadium der inneren Ausgeglichenheit zu erreichen. Die im Ramayana beschworenen Ideale wurden und werden immer wieder im Blut des Fanatismus erstickt. Ayodhya, der Name der Rama'schen Residenz und heutigen Pilgerstadt im nördlichen Indien, weckt nicht nur die Vorstellung von paradiesischer Harmonie auf Erden; seit dem 6. Dezember 1992 steht dieser Name für Wahnsinn, Tod und Zerstörung.

An jenem Tag stürmten fanatisierte Hindus die dortige Bari-Moschee, demolierten und zertrümmerten anschließend das Gebetshaus der Muslime. Der Anschlag geschah, weil volkstümlicher Glaube an eben diesem Ort den Geburtsplatz des Gottes Rama/Vishnu lokalisiert – ein Glaube, der auch und gerade durch das Werk des Tulsidas so tief in die Gemüter der Hindus eindringen konnte. Sie sahen durch die islamische Gebetsstätte in unmittelbarer Nachbarschaft eines Hindu-Tempels die Heiligkeit ihres Glaubens geschändet. Skrupellose Politiker haben diesen Glauben als Aufputschmittel der Massen missbraucht, um ihre eigene Position im Machtkampf um Wählerstimmen zu stärken. Ein unverantwortliches Spiel mit dem Feuer.

Der 6. Dezember 1992 wurde zum Fanal. In der Folge der gewaltvollen Auseinandersetzungen auch an anderen Orten Indiens waren Tausende von Opfern zu beklagen, die im manipulierten Hass der Hindus auf Moslems umkamen. Ayodhya, die Stadt Ramas, die Stadt des Friedens im Ramayana, ist zum Innbegriff der Unversöhnlichkeit geworden. Diese Einsicht gehört zur indischen Gegenwart der Widersprüche und Konflikte – eine Erkenntnis, der sich auch der Besucher nicht entziehen kann, wenn sich über Rajapur und den Yamuna die Nacht ausbreitet und das andere Indien die Sinne betört: das Indien der Wunder und Legenden.

Nachdem der fromme Wächter im kleinen alten Tempel hoch über dem Yamuna sein Abendgebet verrichtet hat und der Gesang verstummt, ist der alte Mann bereit, den Gast aus Deutschland zu empfangen, Ich verbeuge mich und grüße mit nach oben gerichteten aneinander gelegten Handflächen. Der Wächter mit dem langen grauen Bart nickt und lädt zum Sitzen vor dem Altar mit den Figuren aus der Welt des Ramayana ein. Ich rieche hinein in die von parfümierten Duftstäbchen geschwängerte Heiligkeit des Tempels. Eine nackte Glühbirne mit trübem Schein taucht den mit Kissen und Teppichen ausgelegten Innenraum in geheimnisvolles Dämmerlicht. Neben dem Altar ist ein Geldschrank in die Wand eingelassen. Doch nicht Spendengeld wir hier verwahrt, sondern ein Schatz, der unbezahlbar ist für gläubige Hindus. Mir zu Ehren schließt der Wächter die Eisentüre auf und holt ein umfangreiches Stoffbündel heraus, das er vor sich auf den Boden legt. Mehrmaliges Händefalten, Verbeugen, Gemurmel. Dem Berg aus farbenschillernden Tüchern wird feierliche Hochachtung erwiesen. Langsam faltet der alte Mann die Stoffe auseinander. Ich schaue gebannt dem frommen Tun zu. Der Alte entblättert das Bündel, das einer fülligen Blume gleicht. Jede neue Hülle offenbart sich in anderer leuchtender Farbe. Ein Rausch aus Rot und Grün und Gelb und Blau und Gold. Minutenlang dauert das Öffnen des Heiligtums. In der letzten Umhüllung wird es schließlich sichtbar. Ein Paket von querformatigen Manuskripten, zusammengehalten von zwei Holzdeckeln, Schriftstücke, so wird mir versichert, die Tulsidas eigenhändig verfasste. Es sind Teile seiner Version des Ramayana: geschrieben auf braunem Bambuspapier. Vor einem Jahrzehnt wurden die einzelnen Blätter in durchsichtige Plastikfolien gesteckt, um die Kostbarkeiten vor dem Verrotten zu schützen. Dieser Schriften wegen kommen die Pilger von weit her, um Tulsidas zu ehren und um ihre Hingabe an Rama zu beweisen, wie es jener Tulsidas aus Rajapur in literarischem Höhenflug aufgeschrieben hat vor mehr als vier Jahrhunderten.